인어이기를 거부하며 사랑하게 된 님인
사진, 문학, 예술, 곧 나의 왕자님들께
이 글을 바칩니다.

님께 바친 인어의 꼬리

인문학 시인선 032

님께 바친 인어의 꼬리
정혜선 시집

제1쇄 인쇄 2025. 4. 10
제1쇄 발행 2025. 4. 15

지은이 정혜선
펴낸이 민윤식
펴낸곳 인문학사

등록번호 제 2023-000035
서울시 종로구 종로19(종로1가) 르메이에르빌딩 A동 1430호
전화 : 02-742-5218

ISBN 979-11-93485-29-3 (03810)

ⓒ정혜선, 2025
Printed in Seoul, Korea

*잘못 만들어진 책은 본사나 구입하신 서점에서 교환하여 드립니다.
*이 책은 저작권법에 의해 보호받는 저작물이므로 저작자와
 출판사의 서면동의 없이는 무단 전재와 무단복제를 금합니다.

인문학 시인선 032

정혜선 시집
님께 바친 인어의 꼬리

인문학사

시인의 말

오래 전 우주는 거대한 하나의 신성이었고
별들은 성서를 읽었으니 한 번이라도 신의 손을
잡아 볼 수 있다면 신의 손가락에 걸린
달을 볼 수만 있다면
-엘제 라스커 쉴러 시집『우리는 밤과 화해하기 원한다』의
「신이여」중에서

지금은
광활한 우주를 가로질러
광년의 빛을 뚫고
너의 손에 닿는 순간이다

북극의 짙고 긴 그림자의 사투와
적도가 전하는 시큼한 땀내 나는 분투가 지나칠 때
아스라이 겹쳐지는 날들의 지표가
빼꼼히 내게 손짓을 건넨다

멀다 해도 닿을 수 있고
신이라 해도 잡을 수 있으며
달이라 해도 결코 어둡지 않을
너의 손을 순수히 잡는 것이다

차마 셀 수 없는 길이로
마냥 웃을 수도
그냥 울 수도 없는
독특한 지대에서

마침내 도달한 내 몫의 한켠을 차지하려 하니
감회와 감사, 감동 같은 벅참이 있다

그래서 나는
신에게 다다를 하나의 단어를 주우려 하나 보다
그가 보호할 한 모금의 샘물을 구하려 하나 보다
생각에 잠겨도 본다

내일과도 같은 포말을 등진 채
수평선의 먼 눈물을 헤치고
떠오르는 새벽녘의 가늘게 웃고 있는
여명을 기대하나 보다

              2025년 시간의 편린을 지나며
              정 혜 선

              2019년부터 2025년까지의 시적 기록은
              역순으로 구성되었습니다.

c o n t e n t s

006 시인의 말

제1장 – 나의 보편에는 네가 없다

014 태양의 뒷면
016 온통 하얀 웃음
018 가을이 지나가는 꿈을 꾼다
020 어쩜, 넌 그렇게 거기서 멀뚱히 앉아 있니
022 초췌한 야윈 동자
024 재의
025 회색의 송가
026 서늘한 고난이 너의 어깻죽지를 적셔 올 때
028 문슬
030 생존자의 고뇌
032 도, 돈
034 나의 일을 헤쳐 나간다는 것에 관하여
037 폐부 상처 예수
038 나무의 직립
040 모르는 행운
042 나의 보편에는 네가 없다
044 걸어가는 사람, 사랑
046 은하수의 다음
048 잎의 고상함
050 고통이 오가는 길목
052 옹졸한 너그러움 가식의 친절 허영의 부호

제2장 – 그렇다, 나는 너를 묵시한다

054 그렇다, 나는 너를 묵시한다
056 내가 너였다면
058 아삭이는 풀잎의 푸른빛
060 이른 저녁의 때늦은 식사
061 별들의 숫자
062 눈썹 위의 평화
064 옷고름의 자줏빛 얼룩
066 바람의 눈에도 눈물은 흐르는가?
068 해가 지는 순간에 방 안의 온기를 깨닫게 되거나
070 아들놈
072 문 사이의 냄새
074 무엇 때문이라고 해야 할까?
076 에스컬레이터에서
078 이카로스의 꿈
080 장미의 무상
081 성냥
082 빗방울의 내
083 소환의 이유
084 님께 바친 언어의 꼬리

제3장 – 잣대의 독특한 자국

088 물의 종류
090 초록 물의 꿈
092 소개
093 아직은 장마의 와중일 뿐일지라도
094 등에서 솟은 은빛 아이
095 언니 같은
096 홑겹
097 은발
098 숲에서
099 바라보는 양식
100 수소 - H2
101 수신인
102 싱거워들
103 어제의 시주
104 철딱서니의 경사
105 오빠와의 대화
106 그날의 전야
108 나는 순록의 뿔이기에
109 다작
110 사 년여의 결산, 평생의 결산
112 하면 다 된다구요
114 심연의 깊이는 내일의 바람
116 간발의 차이, 순삭처럼
118 바보라서 포기시냐구요

제4장 – 백수는 코미디의 냄새가,
　　　　　백조는 비극의 냄새가 났다

120　넌 그냥 있으렴, 우리가 다 마법 풀어주니까
122　그렇게라도 기억된다면 다행이야
124　욕망의 유혹은 너무 비싸다
125　때문에 다들 너무 잔인하여지고 이성을 상실하였지
126　인생은 과연 시소인가?
128　다르기 마련인 성적표
130　돌아오라. 결점 없던 그대들로
132　코로네이션은 투비컨티뉴겠죠
134　혜경궁의 처마 끝
136　보스와 아내
138　나는 나 이렇게요
140　주제는 제일 모르고 분수는 당연히 모르고
142　밤이 되면서 그림자는 함께 사라졌다
144　쉽게 말하기 있기 없기
146　선덕여왕과 빅토리아 여왕

제5장 – 궁전이 있다면 물어보기로 했다

148　합격입니다
150　용왕님과 여왕님
151　달라 달라 정말 달라
152　W
154　전령

156 할머니의 허락
158 케이크와 절편의 십계명
159 에비다 에비타 아바타
160 흉내가 난다
162 아류와 야사들
163 고흐와 고갱의 엔딩 테이프
164 한계령은 봉우리일 뿐
166 Bloody Mary
167 Bloody Sunday
168 어느 쪽이 더 비극이라고 생각하나요?
170 복수
171 종기
172 루비콘 강
173 근데 이제 장관이랑 결혼시켜 달라구요
174 철학가와 변호사
175 해피 엔딩
176 기상예보
181 loser들에 관한 소리들
182 삐에로의 인형
188 여자들에게 네 힘을 쓰지 말라(잠언 31: 1-9)
202 아내의 잉크

평설
211 분산과 혼선의 유보적 시학/조명제

제1장

나의 보편에는 네가 없다

태양의 뒷면

태양의 뒷면에는 복숭아가 자란다
홍조를 띤 과즙이 터지던 날
토끼의 전갈은 일식 아니면 월식
눈물 아니면 웃음
비통이 아니면 태양의 타오르는 눈
반반인 빛과 어두움
반반의 룰렛은 계속 돌았다

태양이 지구를 지구가 달의 주변을
반으로 접히는 앉은뱅이의 나무통
솔향 가득한 바다의 옆구리
열어 재낀 뚜껑 속
그득한 꼼지락거리는
굼벵이 떼의 웃음소리
손을 뻗을라치면
타 들어가 녹아 없어지는
그득한 촛농의 미지근한 인생
북두칠성의 빛나거나 잿빛일 검은 바다
모나 도의 오후
태양의 뒷면이 춤을 추는
장대비 속 오전의 브런치
세상의 편린
암흑의 뒷면
태양의 뒷면

다시 도는 구름의 빳빳한 운명
별자리의 다트
타서 사라질 이카로스의 꿈
대롱대롱 걸린 수레바퀴의 행운
끝도 없이 돌아가는 우주의 궤적
태양의 뒷면에 살고 있는
녹아버린 천사의 날개
어둡거나 밝을 뿐인
태양의 뒷면
단순한 망치
내일의 앞면
태양의 뒷면

온통 하얀 웃음

그곳의 알박힌 한은 울고 있다
알고 있다고도 할 수 있는
그렇다
다 소거된 먼 옛날의 손가락을 부여잡고
통곡하는 어릿광대 소녀의 머리카락은
그런저런 소리가 나고
이런저런 인생도 있다하며
펑펑 쏟아지는 함박눈을
마지막으로 부여잡는 날
너를 보내는 걸쭉한 의식이 춤을 춘다

나의 맞은편 탁자는
갈색빛 누런 눈물 자욱 위에서
비통과 함께 깔깔거리고
나를 절대 놓을 수 없다는
바짓단의 알싸한 칼주름도 보인다

차디찬
때때로 내려앉는 피눈물이
너는 안다
내일은 비가 마을을 덮을 것을
하얗고 허옇게 시리도록 뽀얀
지금 우는 게
내일 우는 것보다 낫다고 다그쳤다

어미의 받아든 발 아래 또 그 위로는
한 줄기 실오라기를 쓸어담고
나는 희미해진 내일의 빗속 시야를 움켜쥔다
어디가 끝인지 모르는 채
다독다독 다독이면
아 그런 것도 있구나 한
온통 덮인 백색의
그런 날에는 웃어버린다

가을이 지나가는 꿈을 꾼다

가을이 지나가는 꿈을 꾼다
언제고 다시 오고
기필코 가고야 마는
막다른 골목 끝의 가을은
단풍의 자색 갈라짐을 떨어뜨리고
끝자락의 타는 내 부여잡고
가을을 덩그러니 바라본다

오가는 그 길목에는
다 지난 쓰디쓴 인사들이
단내를 풍겼지만
차마 마중하지 못하는
가을의 바람결은
비극과 희극의 중립을 부르짖을 뿐

기어코 오고야 만 한 님이라고
핏대 세워
붉디붉은 가을의 장송곡
그 스산함의 절정
황혼의 보리밭 들녘을 닮은
웃음만을 흩뿌렸다
그렇한 단풍은 아스라한데
우수수한 낙엽의 일로一路 속
지금도 가을이 지나는 꿈을 꾼다

이미 왔었어도 급기야 가버릴
한기의 마중을 받아내어
불그스름하게도 아우성이었지만

흐르는 것은 갈잎의 짙은 물결
시간이 흐드러지는
영원히 지워지지 않을
찌든 눈물 자욱만을 조용히
목도하는 것이었다

어쩜, 넌 그렇게 거기서 멀뚱히 앉아 있니

땅거미도 다 지난
흑색 저녁 멀뚱히 앉은
카페의 불빛 아래 비추이는
유리의 어슴프레한 실루엣을 주시한다
어쩜 넌 그렇게 거기서 멀뚱히 앉아 있니

짙은 저녁 굴뚝의 냄새가
귀퉁이 유리의 어슴프레함에 잠긴다
물끄러미한 자세를 건네는 미소
누군가에겐 절박하기만 했던
중천의 해는 이미 서산을 향하고
이젠 길거리의 헤드라이트들만이
그 자취를 길게 늘어뜨리며
어기적어기적 귀가한다

난 그들의 기어다니는 듯한 지체를
한 번도 조금도 원한 적이 없건만
그런 운명과도 같은 저녁의 체증은
쉬 가시질 않는다

목적지가 있다는 것은
힘쓰게도 하지만
필사적이고 집요하게 하여
어떤 악질의 피부염이 되어
우리에게 딱 달라붙기도 한다
결코 긁어도 떨어져 나가지 않는

그 건선의 피질들은
파 들어가 어떤 내(內)를 바스스 닳게 하고
하루의 끝자락의 그림자를 길게도 거뭇거뭇 늘어뜨린다
멀뚱한 나는 부슬거리는 허여멀건 각질의 가루들을
꿀꺽 삼키고는 헤헤 웃는다

접근 불가의 고층의 발코니에서
우수수 허옇게 떨어지는 파편들은
누구의 눈 다발일까
어느 드라마의 두 주인공처럼
허연 눈발 날리던
거리를 이제야 헤집고 다니다가
떡하니 그들을 마주한다
숫자도 세어보고
길이도 재어보고
빛을 비추어도 보며
마치 검진하는 의사처럼
그들을 종이처럼
우걱우걱 씹어 먹어 버린다

겨울의 입김들을 주섬주섬 삼키듯
기이한 늦은 오후의 애벌레의 탈태 같은
다시는 돌아오지 않는 흰 미련들을 영영 보낸다
멀건히 입김이 맺힌다
멀뚱히 앉아 그 성애를 삼킨다

초췌한 야윈 동자

나의 형제여 너를 사랑한다

피를 나누거나 시간을 나눈
광기까지도 함께 까먹은
막역한 나의 동지여

비록 인간이 스스로 배를 갈랐어도
신이 기어코 큰형의 머리채를 헝클었어도
누가 우리의 동맹을 깼을까

그러나 너의 초췌함에는 이유가 없고
야윈 동자에는 눈물이 비수되어 흐르는구나

다 괜찮다고 결코 말하지 않을
여지의 안심을 거스르며
너의 가슴으로부터 처연히도
통렬한 한을 삭히고 또 삭힌다

볼품없는 소경의 변명에는
통탄이, 후회가 자라고
또다시 괜찮다며 쓰다듬는
너의 머릿결은
아마씨유의 홍건한 슬픔이
피를 대신하여 검붉게 찌든다

언제쯤 너를 다시 볼 수 있으랴
물음은 과히 공허하고
대답은 무궁토록
우주의 검은 바다를 헤매일 것이냐

노래, 노래만이 울려 퍼지는 바다의 곳간
장중한 메아리의 울음과 리듬
비통의 명쾌로 바톤의 심지를 건네이면
칠흑의 끝에서라도
다시 만나는 대서사를 기대하리
기필코 반드시 필연토록 기대하리

너를 올려다보는 마지막 순간
기억나지 않는 곡조를 흥얼거리다
앞치마를 두른 비천한 아낙은
파이 위에 타버린 체리 하나를
냉큼 훔쳐 영원히 꺼지지 않는
주머니 속 촛불 속에 던져 넣어
활활 타오르는 화염 속으로 투신한다

재의

그리움이 있다면 내 마음 속에 묻어두기로 한다
다시 열어볼 날이 온다면 기꺼이 반기리라
그것의 깊이는 늘 말하고 있고
그 소리 또한 길게 울릴 것이므로
어떤 사양도 반색을 이기지 못하고
무엇도 미소의 온기를 능가할 수 없기에
시간의 축이 좌우의 좌표를 옮길지라도
그리움이란 생명이며
네가 내게 건넨 처음의 윙크
끝끝내 다다를 종착역의 말줄임표를 닮았기에
기다림의 치맛단을 박음질하듯이
오래 묵힌 묵은 지의 시큼하고 알싸한
황홀한 황혼을 고대하기에
지금의 삶은 축제와 춤사위를 늘어뜨릴 뿐이고
나는 그런 너를 바라보며
지난날의 짙게 배인 그리움을 깊은 안주머니로부터
꺼내어 한 알 한 알 오물거리며 까먹을까 한다
그날에는 모두가 있고 모두가 내가 되어
어깨춤을 덩실거리며 현재라는 깨달음을 늘어뜨릴 것이고
난 그 면사포의 긴 행렬을 머리의 꼭대기로부터 받아들이겠지
기쁜 날이 될 것이다
된다는 것만으로도
그리움이 돌아온다는 것만으로도
내가 너를 다시 본다는 것만으로도

회색의 송가

과거의 단추에는 눈물자욱이 있다
처음 끼던 바로 목선의 아래
뭔가 어긋난 기미는 가파른 돌팔매질
왜 부여잡는 질펀한 바닥만이 있을까
아름답지 않다는 것이 유일한 변명이 되어
뒷덜미의 신음이 빗물 고인 웅덩이처럼 퍼졌다
놓아! 목 놓아 부른 다 지난 거리의 이름들은 메아리되어
귀향하는 금색의 망토처럼 치렁거리고
웃음과 연회의 단출한 숟가락은
질질 눈물들을 흩뿌릴 것이냐
하늘에서 눈에서 천장에서
위에서 아래로 다시 아래로 흘러내리는
낙수의 비린내 나는 소리들
지느러미 챙기느라 웃음을 잃어버린
애벌레의 성충은 옷을 벗고 기지개를 펴며
다음 번에는 두 번째는 두 번째로만이
반드시 돌아오리라 필명을 남긴다
울지 마 다 지난 일이야
다시 만나는 날에는 뭔가는 다를
날개가 막 돋아난 삿대질의 고함 속
역성의 각성만이 흥건할 것이다
불행히도 안쓰럽다
회색의 송가만이 배웅을 나서고 있다

서늘한 고난이 너의 어깻죽지를 적셔 올 때

너의 등 뒤에서
숨이 가쁜 들썩이는 너의 어깻죽지를
뽀송하기 짝이 없는 양모 담요로 덮는다

눈발이 거센 황야의 서늘한 고난은
늘 엄습하여 끝 간 데 없는 한기를
너와 나의 사이에 절망토록 늘어뜨리나
신발창이 제 밑바닥부터 서서히 적셔 오는
절망과 고통의 기별들이 밀려올지라도
나의 블랭킷은 뒤에서 너를 덮친다

난로의 열기이거나 태양의 정오의 햇살
화롯불에 꺼질 듯한 마지막 온기의 자락
혹은 촛불의 오갈 데 없는 작은 빛줄기라 해도
아무 상관없는 너의 서슬 퍼런 고난을 덮는다

따뜻해지거나 결연히 식어버릴
둘 중 하나 식의 맹렬한 법칙들 속에서
살아남을 처절한 위로를
너의 서늘한 등조가리에 덮는다

긴 터널의 끝에는 반드시 빛이 있고
철길은 남쪽까지 이어진다
나의 담요는 그 온기를 간직한 채

날으는 알라딘의 융단처럼
남기운 광기를 기꺼이 소진한다

너를 덮어 줄 손에 잔류하는
마지막 잎새 같은 날리는 날갯죽지
서늘한 고난이 너의 어깻죽지를 적셔 올 때
마지막 남은 한 알의 알약은
바닥을 치고 다시금 치달은 기운을 내어
한 움큼의 우물물을 길어 올릴 것이다

다시 보자 한 손가락을 걸었던 내 님의 건투를 그려보자
들썩이는 어깻죽지에는 지난겨울의 호흡이
남아 있는 까닭이다
언제인가처럼 뒤에서
오직 다만 온기로만이 너를 덮는다

문슬

잠식하는 너의 길고 질긴
긴 그림자
실루엣의 초췌함을 위하여
우리는 언제 건배를 들었던가?

반짝이던 네 눈동자에는
측은한 엷은 미소가
말줄임표처럼 부유하고
내 가슴팍 헤치던
뜨거운 진료의 순서는
저 너른 메마른 대지 위로 사라졌나니

그래도 노래하는 자는 슬퍼서 울 수 있다
정신의 정상은
뜨끈한 아랫목에 간직한
흰 쌀의 공기 한 사발
한잔씩 나누던 정분은
수평선 빛나던 그때 그 자리로
돌아갔다

그러나 네게 쥐어 준
한 올의 구슬치기
부여잡은 손끝에는
눈물방울로 반짝이나

좋아 보이는 기쁜 갈림길
미련이나 그리움은
늘어진 흰 망토를 드리우며
골목의 구석을 서성거려도
난 아직 너를 보내지도 반기지도 않기로 한 것을

한껏 날아 날개를 차고 오르는
너의 널뛰는 마른 머릿결을
부비부비 알 수 없는 내일의 날에는
너의 오물거리는 붉은 입술을
배웅할 수 있을지도 모르겠다

애가의 허밍은 울음을 닮았어도
비천하거나 초췌하지 않고
다만 꽉 찬 도시 속 저녁 불빛으로만이 반짝인다

생존자의 고뇌

삶의 부표들
꼼지락거리는 말장난 같은
남겨진 자의 누망이여
끈덕지게도 따라붙는
허우적거리는 바다의 끝
물속에서는 울어도 운 것이 아니요
햇살 속에서는 웃어도 웃는 것이 아닐 뿐

기실 너라는 대순[죽순竹筍]의 앞뒤를 서성이는
나는 앵두나무의 가지 끝
붉게 노을 진 황혼녘의
긴 그림자는 알고 있으니

너와 내가 헤어진 길 위에
뽀얗게 쌓인 서릿발의
냉정함을 손댈 수조차 없었던
하늘을 치닫는
독수리의 노란 부리에 쪼이는
먼 들판의 풀잎이 드러누워
통곡의 곡조를 세상에 질펀히 퍼트릴 때
난 다만 들었고 걸었고 나아갔다

뿌리라도 캐고말고
빗물을 생수로

나뭇가지를 이불 삼아
나아간다는 유일한 생존
단 하루의 송사訟事
그 발자국

도, 돈

길을 걷는다 그래서 도인가?
짧거나 길게
빠르거나 느리게
보폭은 너와 나의 속도를 신경 쓴다

결코 보상을 바라지 않는
길 '도'에 'ㄴ'을 달고자 해서는
결코 안 될 '도'와 '돈'

'도'나 '돈'이나
나에게는 머나먼
수행의 짙고 닳은 냄새를 풍기고

하이에나가 달려들듯이
남은 것을 먹어 치우려는
광기의 오솔길은
트여 있을까?

나를 사자로 보나
호랑이로 보나
가죽의 가격은
천세가 동일하고

남아 썩어 도는
고깃덩이는 도통 맛이 나지 않는
다 지난 타인의 손을 탄 돈 냄새가 진동한다

'도'를 따라 걸으라 했지
어미는 채찍을 들이대고
훈계를 지팡이 삼았으며
갱생의 시간들을 부여잡았지만
돌고 도는 인생사

'돈'이 돌지 못해
쟁여둔 아파트의 금고에는
'도'가 어긋난 잿빛을 드리운
붉은 선혈 자국만 넘쳐 났다

행운이란
'도'를 '돈'으로 여기지 않는
순수 정신의
합산 양일 뿐

물이 좋을 세상을
'돈'으로 사려 하지 않는
보다 맑은 진심들의 총량일 뿐

사랑이 길을 잃어
갈 곳이 없고
선한 의지를 잃어
비굴을 들락거린다

나의 일을 헤쳐 나간다는 것에 관하여

자리를 보전하는
황제의 머리 끝
애잔하기까지 한
곡조들의 울림 속
미쳐 날뛰는
굵게 말린
웨이브진 머릿결
갈색의 치장한
굽실대는 머리카락

예술이 되는
한 끝의 차이
고데기나 드라이기의
끝까지 보채는
열기들
자꾸 들이는
염색의 레이어들

잘릴지도 모르는
절체절명의 길이와
뻗치지 않기 같은
안간힘
앞머리는 프린지로
마감하는 센스
누구나 한 번쯤

만지작거리고픈
광채 나는 유들거림
길어도 짧아도
올림머리여야 하는
황후의 동그란 후광

웃음이 끊이지 않을
마칭의 꼭대기에서
잘릴 수도 말릴 수도 없는
자리를 지키는 미용사의 가윗날

타인의 머리를
대신 물들이는 치졸한
보조의 거품이 나는 치근덕거림

뿌리치거나 박차고 나갈
어느 사형수의 종착지
미용실에 걸린
통통한 명함판 사진
대물림되는 대관식의 티아라
나란히 쪼아 먹는
이른 아침 참새 방앗간 고수

마지막 보더라인의 벙커
살아남아 돌아가는

빼곡한 롤링 펌의 호수들
이젠 하얗게 새버린
어느 날엔가의 노병의 새치
마지막 끼니를 증언하는
말린 소년의 흑발 한 올

총발이 거센
전장의 빗줄기 속에서
조준만이 생존하는
돌돌 말린 동그란 파마 자국을 닮은
황후의 도톰한 보료 끝에 박힌
탄 자국 하나
지구와 나라의 끝

폐부 상처 예수

폐부를 가르는 선연한 뭉근한
검붉은 핏덩이의 쩍 갈라진 상처의 예수
매달리다 지친 세계의 망치와 도끼의 구멍
못이 관통한 울지도 못하는 몸뚱어리
잘릴 절단될 사지들의 뒹구는 뒤엉킴
묵사발 같은 형체 없음의 광시
보이지도 잡히지도 버둥거리지도 않을 처절한 약속들
거역과 역류의 침 덩어리와 핏덩어리
곪아터질 종기의 메스질
반짝이는 무대복의 오기는 희곡 쓰기
이야기가 부활하는 못 자욱의 쿵쿵 눌러박음 확인사살
폐부는 충분히 울었고 상처는 두루뭉술 아물 것이며
빛의 속도는 지구를 지나쳐 예수와 같은 또 다른 너를 잉태할 것이나
누가 알리 절연토록 발광한 오직 야광으로 빛났던
갈라진 상처 사이로 한 줄기의 이야기가 희망으로 재생할지
자생이라고 하지 살아남는 것이 상처에 대한 유일한 복수임을 읊조린다

나무의 직립

갈 곳을 잃은 것인가
뒤돌아보지를 못하는 것일까
너의 직립에는 죄가 없고
너의 옆에 선 또 다른 나는
장대비의 신음을 견딘다

밀려드는 계절들의 세파는
뿌리를 들쑤셔대며
아우성대는 배고픈 자들의 목소리를 내지만
묵묵한 너의 직립은
떠다니는 꽃가루의 포말을 그저 위로하며
기다리는 숙연의 자세를 가르친다

한 번도 떠난 적 없는 고향의 향기는
친구의 눈물을 드리우나
따스히도 봄에 찾아와 준다
그들이 결국 한 해 한 해를 견디는
노고와 침잠

맞서는 광기와 지구력 속
살랑이며 노래하는 배려 같은 자연
언제까지 삶, 생명, 자연은 연속할 것이며
대지의 지루함을 뚫고
또 다른 직립의 존재를 매만지는가?

너의 진득한 안위는
같은 위도를 관통하는
무릇 겸손한 자의 미소를 경험한다

한 움큼의 비옥한 거름
한 덩이의 싸한 물벼락
한 다발의 수액을 퍼붓는 무리들의 춤사위

대자연을 맞이하는 영원히 존속할 의식들의 목 놓임
그저 행운을 빌어주는
마중 나온 정오의 햇살과 한밤의 달무리

필연코 서 있을
터전을 갈망하는
다시 돌아오는 계절
봄의 새싹 계절의 순환
결코 찬미케 되는 너의 직립
해를 따라 영속하는 부활의 잔영들
바스락거리면서도

모르는 행운

바라볼 수 없는 면목
너에게는 기회가 되어 돌아오는
길목이 처연한 나풀거리는 모르는 심정
손을 맞잡노라면
네게 건넬
한 끼의 식사를 씹어 넘기는
각박한 냉엄이 밀려온다

공평과 합리의 사이를 헤엄치다가
눈이 마주친 기회의 긴 머릿자락
꼬나보는 나의 시선은
부정보다는 긍정
송달되는 우편엽서의 침 바른
예쁜 우표딱지

원래 반드시 꼭 같이 밥을 먹으려던 것이었는데
인생은 허울이 반 허영이 반인 듯
꺽기만이 진동하는 허여멀건 나의 마중만이 드리우고
언젠가의 금의환향하는 나처럼 웃고 있는
그대의 줄무늬 원피스
그 위에 수놓인 왕관 모양의 거적

너를 보내는 연말의 연가는
주름진 얼굴에 찌그러진 한 해 동안의 결산

보람되길 바라는 유일한 침묵의 안식
행운을 비는 마지막 배웅
미안하진 않을 용기의 부조
끈기의 공양
희망의 헌금
시주의 주름단
모르는 행운 속

나의 보편에는 네가 없다

나의 보편에는 네가 없다
나의 사관 안에서
너는 사망하였고
부재, 편재, 날인, 지지의 소굴 속에서
너는 훔치고 거르고 울고 있는 것이다
부여, 수여, 일임하는 낙낙한 동정만이
너의 주위를 기웃거린다

울다 지친 여심의 변명을
갈기갈기 엮어서
너의 바지벨트에 주렁주렁 매달아
마치 전리품처럼 치렁거려 본다
혹시나 해풍이 역류하여
이순신 장군의 검을 뽑아들고
파란 지붕을 한 다발 다시 몰고 올 것을
몰라서일까

그래서
나의 보편에는 네가 없을 것을
역사가 결단하여
증명 문제를 풀 때처럼
알싸히 취해라도 보면
그 모범답안을 네가
설기설기 읽을 수 있지 않을까 해서였는데

그럼에도 나의 보편에 네가 있을 수도 있었던
그냥 가정의 세상이
신의 의지를 죽 늘어뜨린
병렬 부대의 세상을 찢을 듯한
군복의 협박과 고문이 옆을 지나칠 때

그러나 마지막 남은 나의 보편에
네 한 줄기 남은 기대치를
누더기를 걸치듯 살짝 얹어보아
광활한 한반도의 대지 위에
한 점 위대함을 찍을
지하수 바닥만큼 나지막이
지금 죽어도 좋을
벼룩의 눈곱만큼이라 해도
너의 보편을 기대하여 보는 것이다

걸어가는 사람, 사랑

나방이의 푸른 날갯짓은
거짓말의 뒷면
길게 늘어진 목선의 둘레를 기웃거리다
파란 봄날의 날개 달린
아지랭이를 누렇게 녹여낸
황홀한 나비의 진심

삶이 잉태하는
가지 끝의 인사는
황량한 겨울 까치를 지나
이제서야 한 방울의 고아한 진액을 쏟아낸다
것도 펑펑. 초봄의 마중이란
수액이 우는 이유
질펀한 장내의 축사가 전하는
아이러니한 버들강아지 한 잎

말하려던 것은
매번 다시 오는
계절의 솔향
철새들의 둥지를 이고 갈
마른 나뭇가지 끝에 돋아난
아픈 손가락 사이의 마디들
고진한 인물의 탄생
내일의 시찌푸스

올지도 모르는 8월의 눈송이를 기다리는
반평생을 새겨놓은
구름 끝의 모양
둥근 아르누보
각진 페어링
길게 비뚤어진
모서리의 향기

두 손 맞잡아 소리내는
그리스 신전의 코린트식 기둥 같은
너른 사람
어진 사람
그 끝의 사랑
오직 걸어가는

은하수의 다음

노랗게 울고 있는 너른 지평선의 들풀들 사이에서는
풀어진 한 올의 부정한 이유가 없었다

별무리의 다소곳이 흩뿌려 내려 앉는 아침이슬만이
들썩이던 콧잔등을 위로할 뿐

그러나 두꺼워 펼쳐보지도 못했던 지난밤들의 까만 꿈은
심중의 한 켠에서 깜빡이는 나그네의 초저녁 땀을 시위하고 있는 것이다

건네어줄 초록 냄새의 덩그런 새알심 하나 없는
초승달의 옅게 싱긋거리는 달무리가 길게 접혀
덩그런 그림자를 슬프게 두드리고 있을 뿐

초췌한 메아리가 주는 하늘 너머의 어느 별자리의 송신은
꿈쩍거리는 등과 가슴을 파고들어
누추한 까만 밤의 깊이를 재며
반짝거리는 구슬에 반사된 파란 은하수의 입성을 타진한다

지난한 8월의 수고, 비수, 장마의 양들은

오가는 절기들의 온도에 비례하여
지층별로 쌓이는 화석의 문체들을
우뢰같은 소리로 가랭이 한 켠에 새길 뿐

태고부터 움찔했던 가느다란 신탁의 발자욱처럼
울먹이는 땀의 존재. 낙락하고 노고스런 단군의
닳은 검처럼
결코 무르거나 날큰하지 않은 견고의 우주 끝처럼

지구의 다음 태양의 너머 별무리의 시작

잎의 고상함

하늘은 원래 회색의 호흡
가로수의 사이에서처럼
품품 굴뚝을 위로하였던
마지막 자정 무렵의 종이처럼
하얗게 숨을 쉰다

바람의 옆모습을 접어가며
기억해낸 달력의 귀퉁이
날들이 흐르고
시간을 조각해 나가며
엣지 있는 자세의
조타수가 되어 본

어제의 베일은
무궁한 해머의 끝
갸우뚱 미소 진
아기의 솜털 같은
함박한 모래의 웃음
그 대소

엄마의 앞치마 냄새를
부여잡듯이
머리춤을 간지리우며
제법 연두가 된

미래에서 온듯한
노래를 둘로 나누어

어깨의 짐을 덜듯이
가볍고 산뜻이
아주 훌륭해 보이는
고화 한점 마저도
쿡 찍어 맛보이면

난 그냥
날으는 융단의
술기가 되어
기쁜 후각까지도 도달한
한마리 전설 같은
초록한 풀잎이 된다

고통이 오가는 길목

그들이 오가는 길목의 목화꽃
신음하여 무너지는
작열하는 꽃잎의 작위
맹렬히 날아보는
섬 바람 속의 전사들
남몰래 흘린 선혈의 자국들
그 발자국을 닮은 천 년의 한
음률이 비통이 울부짖는
어느 열사의 중앙
메마른 대지의 튕겨 나온
사막을 지나는 모래알
울다 지친 저 먼 오후의 홍찻잎
쓰디쓴 인생의 패배한 맛
달콤히 삼켜야 할
고서 속 사주단자의 삼재
놀라 달아나는 여기 다람쥐의 꼬리
저기 복실거리는 치맛단이 우는 모양들
넘실거렸어야 했던
해를 반사하는 거친 파도의 그 곳 포말
더 울어야 할 스토리텔링
그러한 판결

옹졸한 너그러움, 가식의 친절, 허영의 부호

옹졸한 너그러움을 알고 있다
그 가식의 친절의 뒤꿈치를
말로 행동으로 그 옷자락으로
치닫는 허영의 부호들
기억되는 각인의 혈토
미련을 압착하는 굼뜬 삭은 내
진심을 뒤집는 본심의 치렁한 안감
스스로 작은 불을 키며 행렬을 진군하는
진정된 고양이와 족제비 청솔모의 숲에서만이 드러나는

제2장

그렇다, 나는 너를 묵시한다

그렇다, 나는 너를 묵시한다

나는 언제고 말수가 적고
너의 치기는 그런 나를 관통하니
묻고 따지지도 않는 정해진 답을 향해
지식과 지혜는 그 여정을 접속하나
인지와 감각에는 또한 마비가 엄연히 존재한다

그냥 답을 향하는 나의 묵시들은
결단코 너를 노래하며 지시하고 수정하며 고쳐준다
말줄임표가 순산하는 너희 뒤통수에는
객기어린 빗방울이 늘 고여 있을지라도

묵묵히 끊임없이 묻는 질문들에는
반드시 답이 있다
진리를 향해 근접해 가는
오류와 광기의 역사 속에서
남아도는 눈물과 광분만이
한 척 넘는 열대식물을 위한 비료가 된다

비록 하나가 아닐지라도
다양한 모양의 대양들에는
흐르는 물과 대기가 있어
지구가 진리를 중심으로
기울이고 돌게끔 한다

수렴되는 지점에서 다시 만나는
기약, 약조, 약속이
적도의 지점에서 태양의 각도를 가늠케 하며
너를 지킬지도 모른다
그 동안에도 내내 나는 너를 묵시할 것이고
너는 나를 지구가 자전하듯이 배회할 것이나

우리는 그래서 나아가는 것이고
시간은 흐르는 것이며 역사는 진보하는 것이다
그것의 축이 나일지라도 혹은 내가 아닐지라도
너는 필연코 자전과 공전의 일부이며
나는 그런 너를 묵시한다

내가 너였다면

눈물을 말리우고자
아낙의 국밥을 휘젓고
전열을 가다듬는
지친 한 병사의 다리 저림
전장의 광경을 회상하는
역사의 덜컹거리는 수레바퀴 밑

나는 네가 결코 아닌
과거의 날개를 타고 도는
현실을 꾹꾹 묶어 꽃다발을 만드는
축하해야 할 의식의 축사
뒤켠 어딘가에서
눈물을 훔치고는 회심을 날리는
비겁한 자의 바짓단
부츠컷의 기나긴 질감

내가 너였다면
나 역시 지금처럼
침묵으로 나를 치장하고
조소의 날림으로
거들먹거렸을 것이나

내가 너였다면
난 광야의 서슬 퍼런 마차를 타지 않은 채
한여름의 부채를 벗 삼아
미풍을 야금야금 살살 녹여 먹었을 뿐이었을

그럼에도 어느 날 봄의 대지는 값비싼 치장을 이어간다

세상은 불공평하게도 비명을 용서하지 않고
배신과 비굴을 넘겨주지 않는다
이런 모순의 거울을 잉태하며
남는 것은 흥건히 쏟아지는 바다의 눈물들
하늘로부터 주르륵 마주하는 슬픔의 아욱국

내가 너였다면 나도 그랬을까
끝을 모르는 연재가 이어지는
연말의 크리스마스트리
소거되지 않는 자선냄비의 종소리
기도를 나몰라 하는 냉정의 십자가
결과를 무작위로 통과시키는
일방통행의 횡포
혹은 정반대의 부결

다음 룰렛만을 바라는
거적들의 흩날림
울부짖는 아해들의 등을 쓰려보는 시도들
혹시 굴러갈지도 모를
네모난 바퀴의 간절한 희망
그러나 다시는 돌아오지 않을
시베리아의 눈발이 시퍼렇게 쌓인
너의 너른 볼셰비키 혁명

아삭이는 풀잎의 푸른빛

새초롬히
다굿이
살랑이는
바람을 벗하며
느지막한
자연의 색을
감추인
뒷면에서 속삭이는
하얀 부끄러움

아무 보답 없이도
지그시 나타나는
하루의 광합성
애잔한 숨소리와
파랗거나 바스라지는
계절 속에 드러난
조심스런 나뭇잎의
작디작은 떨림
시간과의 춤사위
무엇을 위하여
녹색의 색은 무르익었나

비록 지구를 도는
찬바람을 맞을지라도

노하지 않는 너의
고즈넉한 아량
삶에 대한 진심
진정한 순환이
땀 자락을 전하는
오늘의 파란 잎사귀

이른 저녁의 때늦은 식사

아직 다다르지 않은
별똥의 무리는
서산을 지키고
가시지 않은
저녁 굴뚝의 매콤함이
뒤뜰을 배회한다.

밤새 맺힐
이슬의 눈망울은
맑고 그윽하여
새벽 일 나갈
식구의 때를 미리 걱정한다

누나의 땀내 나는 수건도
밤새 아랫목 차지의 조카도
솔솔 한중閑中을 가늠한다

야식의 아버지는
등목의 손길이 목에 말라
홀러덩 툇마루를 차지하고
때늦은 끼니를 때운다

일렀던 저녁 무렵의
풀벌레 반딧불이 빼꼼한
이제서야 달 그림자를 건넨다

별들의 숫자

오로라 공주
안드로메다
별들의 전쟁은 숫자들의 싸움
이윤이 나거나 손해가 나는
사차원의 접시

세 개나 아홉 개
놀라거나 화들짝일
잘나가는 왕자의 친구들
첫째는 재간둥이
둘째는 귀염둥이
공주들의 전쟁판

그러나 평화는 소중해
제일로 훌륭한 이유
아름답거나 사랑할
유일한 안심

몇 개일까는 결코 중요치 않아
빛난다는 것이 중요하지
밝게 반짝거릴 때
별들의 숫자는
세기를 시작한다

눈썹 위의 평화

차비를 내는 학생의 주머니에는
하루 동안의 간식비가 춤을 춘다
단 몇 푼의 풍족이 배부른 자를 쓰다듬어
학생은 하루의 일과를 소중히 받아드는 것이다

하루 품팔이의 일상은 일주일치 밤샘
화롯불에 구워 먹는 밤 한 톨의 고소함이 묻어난다
뎅그랑 만지작거리는 거리의 캐롤이
손과 가슴을 덥히고
이 순간만으로도 영원히 살 것 같은 평화는
12월 한기의 공기 속을 부유한다

빨갛거나 녹색의 반짝이는
어느 성인의 탄생은
구원, 평화와 안식의 얼굴들을 빼닮았고
학생의 계획표엔
수학2의 코사인 문제집이 선연하다

수다 와자지껄하는 버스 안의 창에 낀
성에에 남긴 파이팅, 올해도 왔다다
저마다의 배낭 속에서는
희망들이 나부끼고
귀가하는 미지의 수험표에는
합격의 글자가 평화라는 peace와

아스라이 겹쳐지고

결코 쉽지도 간단치도 가볍지도 않을
소중하고 값지고 힘겨운 시대의 소산들
평화들이 거리를 나직이 걸어다닌다

옷고름의 자줏빛 얼룩

태초의 말씀은
떠돌다
너의 어깨춤을 휘감아
넋을 잃고 풀어헤친
옷고름을 위로한다

무엇을 위해 사냐고
호미 춤을 주머니에 쑤셔 넣고는
달각거리는 동전 두 닢을 씹어 삼켰다

목이 메인 아낙들의 치마폭 안에서
전쟁 통에 앙 터진
갓난쟁이 울음소리가
천지를 깨웠다

작은 땀에 젖은 손수건으로
너의 눈물을 닦을라치면
강물을 넘쳐흐르는
바다의 눈물만이 빼끔거렸다

누구의 손을 잡는 순간에는
자줏빛 옷고름이 갈기갈기 찢겨
총부리를 막아낸
또 한 번의 핏자국이 흥건하였을 뿐

인생사 뭐 있어
혹시나로 시작하여 역시나로
끝난 난장판의 비사일 뿐

끄집어내지 못하면
질질 끌려갈 바싹 말려질
둘 중 하나의 죽음
오븐 속의 뜨거운 사망

다행한 건
지금이 아니라
창창한 미래의 어느 날
너의 회계의 미소를 바라보는
신의 용서
미지근한 사면

역사는 줄기를 마주하며
현명과 슬기에 매달리는
절박하고 안쓰러운
버둥거림, 필사적 지혜
합당한 이치의 정거장들

바람의 눈에도 눈물은 흐르는가?

나의 그대
글썽거리는 내 세포의 아른거림
그 속을 헤집는 바람의 유혹
살랑거리는 여동생의 치맛단

보고픈 그대
누구를 위하여 풀잎들은 춤을 추는가
그 끝을 매만지는
석공의 치밀함
단아한 미소의 내공은 훌륭타

사랑하는 그대
왜 바람은 보이거나 잡히지 않을까
어느 곳으로 향하는지 알 수 없는 주소들의 나열
끝도 없을 침잠할 운명이여
바라보는 앙상한 여심만이 대를 이을 것인지

나만의 그대
돌아보는 그대의 등을 밀어드리다
몇 만 세월 쌓인 때의 달무리
쓱쓱 벗겨 내면
맨드란 석조의 얼굴

그렇게 우리가 되면

빛의 속도로 태양계를 몇 번이라도 돌아
대기권의 스산한 바람을 맞아
언제고 흐르는 당신의 눈물을
빗물 되어 빗줄기 되어 닦아주리라

해가 지는 순간에 방 안의 온기를 깨닫게 되거나

나의 앓는 날이 도약이 될 줄을 나는 평생 모른다

설움의 강줄기가 가슴을 적시는 날에 무지개가 뜨며
해가 지는 순간에 방 안의 온기를 깨닫게 되거나
노래를 부르다가 그의 얼굴이 다가오는 것을
커피를 흘리다가 다른 차의 내음을 알아차리거나
손을 잡으면 사진을 찍을 결심을 하게 되거나
티브이를 보다 도서관을 등록하게 되거나
병원에서 첫사랑을 마주친다거나
승리에 웃으며 다음 동기를 부여받거나
패배에 울다가도 다시금 도약하며
짜릿한 보람의 명암을 경험하거나
비로소 나누는 것을 배우기도 한다

세상은 알 수 없는 것으로 가득 차 있으므로
내가 할 일이 많다

미지의 영역이 나를 생각하게 하고 나를 쓰게 한다
그리움이나 사랑으로 쓰기도 하며
달성이나 결과들이 나를 견인하기도 한다

풍부함에 만족이, 보람과 긍지가 다가오며
하루를 채우는 기분으로 다음 날을 기약한다

ㄱ을 쓰면 ㄴ이 보이며
계단의 하나하나가 목적지로 이끈다.
찬찬히 차분히 지긋이 해 나가련다

조금씩 인내로 단타와 장타를 섭렵하며
그러다가 정말 그러다가
반대편 나라의 어느 활엽수나 침엽수를
모두 익힐 수도 있을 것을
나는 알지 못한다

아들놈

무슨 꿍꿍이인지
아들놈은 철도 없이
세상 다 자기 것인 줄 알고
노쇠해 가는 장맛비의 끝자락에는
각박한 삶이란 아무도 알아줄 일 없는
고지서의 쾨쾨한 곰팡내가 난다

월사금 가져가는 아들놈의 뒤통수가
수박의 금빛 줄무늬로 번쩍이는
하루살이에겐 아뿔사 재테크란
수박 꼬리나 물고 빠는
새까만 파리의 날갯짓 모양이 난다

채 가는 냉큼한 아들의 신발 꽁무니가
줄행랑의 손사래를 친다
물끄러미한 꼬리마냥 멍하니 있자니
언젠가 아버지의 한숨 같은 담배 연기가 스쳐간다

대를 잇는 가난의 영광이란
찌그러진 참치 캔의
누렇게 배인 기름기마냥
끈덕지고 지리하여
십리 밖 마누라처럼 미끄덩거렸다

담 번 중간고사 그리고 학기말 경시대회
그도 아니면 사생대회에
기대의 삽질을 떠볼 생각이다
애비도 아들내미도 살아야겠기에
희망은 쌀의 흰빛과 다름 아니기에

문(門) 사이의 냄새

단춧구멍들의 한판 차지는
새벽 네 시의 쏟아지는 동그란 동자들
희망의 노란 황금과 기대의 빨간 줄무늬
기린 문양에 어울리는 검은 구멍들과
길게 자란 줄무늬의 파란 테두리
점심의 막국수와는 수직으로 만난다

단돈 오십 원의 동빛에 울었다
골패 단판에 널린 입을 벌린 개구리들의 울음
지게꾼의 쏟아지는 바닥에 깔린 쩍 벌린 절망의 입들
동그런 비린내가 비문(非文)이 되는 날
어떤 사이렌은 골목을 훔치며 시장 입구를 스쳐 지나갔다

구석 맨홀의 쇠뚜껑에는 엄마의 머리카락 냄새가 묻어났다
천만 번을 밟고 헤집었을 시장 통의 질편한 사잇길은
몇 만 겹 퇴적 지층 사이의 닳고닳은 패인 내보다 쓰다

70명이 넘는 교실 칸의 맑게 베리고 있는 눈망울들이
흑색 칠판을 뚫어져라 울리는 날에는
불조심 포스터에만 그려져 있는 '내일' '투머로우'라고 쓰는
백묵만이 춤을 추었다

칠순일까 팔순일까 구멍들이 쌓아 놓은
내 상아탑의 꼭대기에는

백설기 가루 위의 붉은 촛농이 홍건히
　내일 맞을 축포를 문질러댄다
　나도, 어머니도, 할머니도 모두 은빛 가루로 날리는 날
　성황당 굿판 작두 위의 건물만이 방긋거린다

　동문과 남문의 사이
　타임캡슐의 껍데기는 플라스틱 단춧구멍과 닮았다
　시간이 쌓인 단층의 사이에는 지난과 가난이 지금도 솟구친다
　돌려 보는 다시보기, 숏폼들이 넘쳐나는 광활한 이미지의 용수
이제는 높이 쳐든 고개의 마루턱이 되어 근간勤幹했던 시대를 위로한다.
　그 어느 사이엔가에서 탄내나는 땀들을 아직도 식히고 있다

무엇 때문이라고 해야 할까?

깊은 나를 가로지르는
애가를 손등에 간지리우며
스쳐가는 가느다란 웃음을 간직한 채
공기의 처연한 뒷면을 닮은
너의 머릿결을
쓰다듬다 눈을 뜬다

그런
의외의 그리움에는
늘 단순한 순수
보고픈 고향의 콧잔등을 닮은
너의 웃음이
내게 가벼운 바람 같은
보드란 계절의 절정을
건네었는데

기실
삶이란
오후의 사막처럼
척박하고 삭막한
선인장이 드리운
진녹색의 그림자 같기만 하고

헤매이는 광할한 시야를
헤쳐 지나는 전갈의 소리
너의 까칠한 뒤꿈치에
잠을 깨던

개미의 타들어 간 까만
심장만한
보고픔을 잉태한
하얀 날들일

평생을 살게 하는
가느다랗고
적도의 길이만한
뜨거운 앓는 미소
그 하나로 살 수 있는
따스했던
왼쪽 손등의
보드라운 색감

기억은
멀어져 간 어제의
커튼을 드리우고
앙 깨문
노란 커스타드 크림의
감촉을 입속에 감추이며
넌지시 너를 묻는다

이렇게 지금도
두렵도록 영원한
참으로 오래
잊힐 수 없는
한켠 실루엣이라며

에스컬레이터에서

멀어져 가는 너의 이름
진리여
끝간 데 없이 사라질
나의 진리여

너의 이름 목 놓아 부른지
평생의 옷고름 이고지고
여기까지 매달린
나의 텅 빈 몸뚱어리 하나

무엇을 믿고 올라올라
에스컬레이터에 몸을 싣고
몰라 알지 못하는
푸른 초장
끝없는 대지의 세계로 걸어갔느냐?

그러나 나의 몸은
나의 축축하고 미지근한 손은
너를 한없는 희구의 마음으로 부여잡은 채
닿기 위하여 닻을 위하여 덫에 갇혔나니

시큼한 부정의 역사를
도돌도돌 하얗게 씻기울
진리의 너를 좇아
나의 평생을 달음질치었으나

불행인 듯 다행인 듯

너의 위에서 밟고 서고 잡고
에스컬레이터의 종착지를 향해
내쳐 달려 보았으나
너는 점점 나의 굽은 등을 사랑하게 되어
멀리 자꾸 멀리 애처로이도
나의 반대를 부르짖는구나

에스컬레이터의 맞은편으로 스쳐 지나간
너의 어깨를
방금 보았던 그 휘고 닳고 서슬 퍼랬던
뜨거웠을 너의 가슴과 맞닿은 냉정한 너의 뒤편을
다독이며

자꾸 눈물이 말라 사라져 갈
잃어버릴 습지대의 너의 노란 얼굴
바닷물 너머의 가장 부귀한 땅
히말라야 정상의 더한 위에서
최고로 안락할 태양의 눈과
안데스 고원, 끝없는 간토평야의 더 넘어
그 어딘가로부터 다다를
진리의 전갈 하나만을

나는 오늘도
자동적으로, 어쩔 수 없이, 마지못해
자꾸 어긋나고 멀어져 갔던
에스컬레이터의 맞잡은
그 까만 진리의 테두리만을 바라보고 있다

이카로스의 꿈

태양의 노래는
미지근한 세상을 용서하지 않아
타 들어갈 깊은 심지 하나
짙은 내장 속으로 삼켰나니
태양의 길을 바란
녹아버려 흥건히 사라진
묽은 쓸모 베린 촛농들
퍼진 방 안의 지푸라기

높이의 갈망은 늘 어리석으나
그 욕망은 세상을 쓸어 삼킬 만큼의 백색 품
잡으면 흩어지고 마는
하얀 대리석 기체
자꾸 외쳤던 구름의 사연
너무도 네가 되고 팠던
눈물 비로만 내리는 뭉글한 서글픔

잡을 수 없다면 옆에서라도 스쳐 갈
그러나 바람의 이름은 흘러가 버릴 사유의 몸짓
목 놓아 불러 소리가 번질 때만
바람은 그의 모양을 말하여 주었다
결코 닿을 수 없고
그가 될 수 없는
존재의 절망

절규의 다리 끝
내면의 모순들

창공에서 살고 팠던
날개 없는 소리 새의 비밀들
아무도 몰랐던
파란 하늘 속의 집, 건축, 공간, 장소
남몰래 훔쳐본 안뜰의 정원
작은 꽃들의 지저귐
계속 나아가 보았던 파란 신기루
창공 끝 검은 하늘
우주의 거부
유영하는 죽음

정복의 역사는 잔인함
눈물 없이 쌓을 수 없는 탑의 꼭대기
태산이라는 숫자를 헤아려 보는
그러다 올랐고 닿았고 있어야 했던
정상 위의 피로 얼룩진 깃발 하나
독수리가 쪼아 먹은 펄럭이는 가루된 희망
마지막 울음 같은 허망 속
결코 나여야 했을
산의 정상 너의 꼭대기

장미의 무상

장미의 푸른 입술
진한 바람을 유혹할 내음
잘록한 어딘가의 덧없는 곡선

그러나 모든 것을 걸었을
유월의 가시와
그것으로도 모자랐던
둥글고 헐은 야윈 선

아스라이 공기를 누비는
아름다운 자꾸 부비고팠던
부드러움과의 처절하고 불쌍한 독한 싸움

허나 눈물을 닮아
붉은 피와 맞닿은
가시 끝의 허망한 방울

그저 그런 보다 못한
따갑기만 했던 시들어 갈
너의 안과 밖의 대비
내일까지도

다시 오는 계절 속 너의 부재는
네가 다시는 아닌
이제는 새 해의 내가 되어
하염없는 눈물 지누나

성냥

작은 내 손가락만한
상자 속의 너희라는 두 글자
그어도 보고
부러뜨려도 보다
기다리는 한 시간의 속에는
다방 테이블과 물 한 컵의 그림자
속으로 들여다보는
나의 동그란 얼굴
너의 눈동자 속 나의 얼굴
내 마음 속의 나
그때는 다 되었지
너희라는 둘과
하나라는 나까지도

빗방울의 내

한 방울의 세상 속에 넣어 놓았다
내 마음의 눈물
지난한 온통 시름
오롯이 다 들어 있다
도르르 구르는 방울의
알싸한 풋내, 흙내, 푸른 내
자분한 소복한 빗줄기의 내
언제까지 내리시려나
졸졸히 흐르는 나의 시름 방울들이여

소환의 이유

알 필요도 없고
인사할 필요도 없는
필부를 향한
대항해에 대한 예우일 뿐

내일이라는 방향은
모호하거나 미진하고 전무한
관계들의 열거
우리 시대의 무모한 인덱스 들일뿐인

다시 알지 못하는
내일을 향하는
제일 값비싼 기회에 대한 형벌
권력의 맛을 알아버린
모든 뼈아픈 소환의 이유

사람이거나 사랑이어야 했을
필연, 이론의 댓가
인연에 대한 이치들
바람을 추스르는 자세같은

님께 바친 인어의 꼬리

동정과 연민의 쓰라린 위로
필요 없는 타인들

들러붙어 보는 재미와 쾌감
끊지 못하는 희열의 중독들
어느 편을 들다
지곤 지불하는
전재산의 도장들
님께 바친 인어의 꼬리

통곡하는 그님들의 절규
그런 아수라장
그런데 아수라 백작과는
무관한 무정의 명령들
오히려 이행하는 흡족의 여인들

몰라서 죄송인
알고 나면 곧 째지는 목소리
혹은 떨어지고 마는 절벽의 천 길 낭떠러지

안녕
백색 가루들 이젠 좀 그만 들이키렴

그 욕심과 욕망의 파편들

날려 부서지는 생의 마디 끝
마무리와 정리라는 제발의 기대치
흩날리는 파편의 댁들

제3장
잣대의 독특한 자국

물의 종류

일단 먼저
광고성글 아니구요

삼다수라
다 삼식인가
가당치 않은 처사라며
선처를 호소하는
칠전팔기의 삼식이

백산수라
온통 하얗거나
초록한 녹록한
혹은
빠듯빠듯 세거나
정의가 애매한
단어만의 맑은 기운

아이시스라
버터 속 아스파라거스
아이리스 첩보물
아님 아이셔 레몬비타 사촌
모 그런저런 열거

에비앙이라

부러운 프랑스어
아비의 불어 버전
앙 물어 거물 같은

그렇군요
그런 깊은 뜻이
그런데 난 모죠?
몽베스트
최신상?
보랏빛 존재감?
난 모냐구요?
제일 좋으면서 몰

초록 물의 꿈

사실은 평창동 저택에 살고 팠죠
아님 한남동이나
방배동의 팬트 하우스 같은
심중 깊은 욕망은
그래서 늘 소박합니다

언젠간 오겠지
알아서 오겠지
층간 소음 같은
욕구의 충동은
오일장에 내다 팔고
그저 시금치 취나물의
초록 물만을
들이키리라 소망하였죠

육간집의 탄내 나는
기름처럼 유들한 피부 관리와
쫙 뻗어 보는 180도 다리 살
특히 원합니다
올라가도 끝이 없는
지붕들의 빛깔들은
알사탕마냥
줄줄이 빛이 납니다

공통된 하늘의 구역은
언제나 말도 없이
타 들어갔더랬죠
그저 합니다
오겠지 언젠간 오겠지
하겠지 어차피 하겠지
달달 외우면서요

소개

콩닥거리는 소개는
설레어서 좋을지도 몰라
피차간 가릴 것 없는
막역함의 전초들
나누이는 반찬들의
속닥거림 술술 넘어가는
반가운 탁주의 쓴 알싸함
너 나로 트이는 복도의 분주함
오가는 만남의 소탈한 번쩍임
너 나의 한숨도
비어버린 잔의 기울기도
설레인 어젯밤의 안부
떨리는 목례의 인사는
이미 시작되었다
잘 부탁드려요

아직은 장마의 와중일 뿐일지라도

지린 습기
질척한 거리의 희미한 세우^{細雨}의 시야를 뚫고
내처 달려 처마 밑의 가만한 색시가 된다
뚝뚝 흘리는 초복의 기우란
길고 질긴 억척스러운 큰언니의 행주치마의 자태가 난다.
훨훨 털고 벌떡 일어난 새벽녘의 안개사리
세숫대야에 떨어지는 똑똑 장대비에 섞인 고심 방울들도
모두 가족사, 흥망사의 퉁퉁 소리를 낸다.
닷새가 지나면 활짝 꽃가마 타고 뉘 오신다고
아우들은 자맥질 중이지만
겨우 중복이 되어야 너울너울
햇살 오가는 나긋한 잠자리 떼 올지도 몰라
아직 물비린내 가시지 않은 소서의 끝자락일 뿐이니
상서로운 대서라 대망일 뿐이니
부디 놓으시게
훌훌 흐드러지는 탁주 한 사발
아직은 빗발이 거센 염하의 복중일 뿐이니

등에서 솟은 은빛 아이

등껍질의 갈기 갈라진 틈에서는
누런 고린내가 나
세월의 풍파란
그런 종양 같은 비린내를 풍기지
혼자인 듯, 나인 듯
자식의 저고리 지으며
늙어가는 노파의 은비녀 끝엔
파란 나비 한 마리 날아 앉아
푸른 등을 바스락 비벼댔지
훠이 십리 밖 날아간
젊은 서방의 등과 맞대어 놓으면
한 쌍의 시퍼런 날개가 된다 했지만
곪아 터진 등짝에는
주르르 비 눈물만 흘러댔지
방구석엔 호롯한 촛불만 덩그러니
자식의 콧소리를 그림자로 벗하며
일평생은 정오의 짧은 그림자 끝자락마냥
스쳐 지났지
다 지난 일 된
시간의 속엔
지리도록 굼뜬 이별
것도 님과의 이별만이 사랐더랬지
탓할 건 없다고 했지
다 등살의 모양일 뿐이라고
그것 따라 살아왔을 뿐이었다고
한밤 세워 가시질만 했더랬지

언니 같은

무남독녀 외동이
외로움이 계절의 바람 같은
머리 땋아 늘어뜨린
어깨 위 앵무새의 지저귐
밥 묵나? 밥 묵다
그대로 다 따라하는
그대로 다 되는
언니의 잔소리 같은
손수건 모퉁이에 대신 자수도 놔 주고
눈방울만한 알사탕 입에 물고
뽀시시 고양이 털같이 쓰다듬는
이리 쉬 눈물 나는 버릇도 다 고쳐주는
우리 언니 같은
있었음 하는
나 고명딸 같은

홑겹

한땀 한땀
일생을 뜬
실오라기의 다른 색
노랗거나 붉은
덧대놓은 어머니의 밤샘 깃
어떤 날의 눈물자욱 같은
수놓인 모양의 빙그레한
오뚜기의 미소
동그란 눈망울의
하염없는 그렁한 응시
한세상 그러시구려
이맛이야 천의 감촉은
상 들이는 어깨와 팔 같은
밭고랑의 패인 내
긴 근육들
평생을 떠야 할
홑겹의 알싸한 서늘한 청량함도
한여름의 땀방울도
한땀 한땀 다 덮어본다
뽀송하게
홑겹으로

은발

휘영한
으스스 가을바람 타고
앵두 밭의 붉은 기운은
너울너울 잘도 익었다
동생의 입가가 홍조로 발그랗다
볼록히 검붉었다
무르익는 것의 부활이란
다시 오는 계절의 인기척마냥
천 개의 뇌하를 견딘
무고한 날들의 비상
참으로 지난쿠나
밤톨의 가시마냥 치솟는
치심의 여심이여
과연 가난쿠나
지나온 날들의 푸른 패기의
욕정 같은 달아오른 풋내도
다 지나고 또 지난다
요란한 눈발을 헤친
오래도록 남는 은발의 세월을 향해

숲에서

심연의
사리는 주저함
방긋거리는 어린아이의
둥그런 눈썹처럼
클 날들의 요망
똑바로 걷는 법의
돌맞이 아기의 춤추는 발가락
그 사이의 금빛은빛 모래알
알알이 새기는
보석을 찾는 네 잎 클로버
또한 그것의 쓴웃음
쓸려 갈 날들에의
어떤 심기들
불편하거나 슬플
눈물의 다른 이름
그럼에도 아기는
무럭무럭 씩씩하게 크겠지
해 본다

바라보는 양식

바꾸는 맛 있다
알사탕과 쫀드기
피카츄와 포켓몬스터
그렇게 바꾼다는 건
잠식해 오는 유색 찬연한
리셋. 리부팅
고치거나 치대거나 부벼보는
세상의 나 되기
세상을 갖거나
세상을 내 것으로
다가가는
새로운 인생의 맛
탐나는 것의 맛
밝은 하늘의 맛

수소-H2

새로운 에너지래
기체의 냄새 없는
당연히 형체 없고
블랙홀의 마지막 버전일 수도
원자력 방사선이나 로켓을 위한 연료
우주의 대부분인
별이 빛이 나는 이유
산소(O)를 만나 물이 되는
가장 가볍고 간단한 원소
대단히 희한한 흰색의 너
수소로구나

수신인

꾹꾹 눌러 쓴
님의 그림 같은 사연
초록빛 같기도 하고
붉은빛 같기도 한
쓱쓱 썰어 넣어
동동 띄운
맑은 여름의 오이냉국 같기도 한
상하가 유사한
동그란 모양
까만 기다림
질긴 기다림
시간이나 날들의 겹
지루한 듯 굴려 보는
둥그런 wheel of fortune
지인의 향내는
풀잎을 품은
파르르 떨린 누에의 비단결
그럴지도 몰라
생각하는
바라는
보고 있는
고치를 잉태하는
누에의 눈물
아씨의 비단 색동저고리

싱거워들

먹어 봐
엄마는 자꾸
뭘 먹어 보래
그러면서
이건 어떻게 했고
뭘 넣었구
무슨 조미료에
몇 분 조리해 가지구 같은
들어도 무슨 말인지 모를
알아도 그닥 쓸모 없을 말들을
식탁의 앞에서
내내 늘어놓았다
"먹어 봐"
"어때?"
"그냥 싱거워들"
"소금이 소량 부족한 듯해"
내 솔직한 심정을 말했다

어제의 시주

그렇게 됐어
아닌 게 아니라
놀면 모해
시주나 하지
신자도 아니고
스님은 더더우기 아닌
시주의 시작
부탁해요 같은
유산 같은
널브러진 동전들 주워 담는
혹시나의 심정 속 시주
모아 논 전 재산의 내음들
적금 깨버린 잔금
남아도는 역지사지
정도전의 객기 아니면 혁신
이상한 모임
한번 던져 보는 소원 성취
모아모아 모아서
갚는 언니 빚의
빛이나는 요란한 앙갚음
제발 빙빙 돌리는
물레질의 튼 손아귀
한 푼이라도 더 모은
오늘의 경제 뉴스
외쳐 보는 굿럭들

철딱서니의 경사

어려서부터 영특하고 재기발랄한
영락없는 주인공 된 어린 고로雇奴
긴 땅속 사리의 명을 따라
이승에서 한 철 살아가는 매미를 쫒는
여름방학의 알싸함이란
성긴 그물망에 대여섯 마리라도 잡아 놀라치면
아닌 배가 불렀다
흰 맵쌀 한 사발 홀딱 파먹은 양
마치 주인 댁 도련님 된 양
머슴살이하는 아버지의
다 닳아 떨어진 쥐똥색 바지 끝자락도
검정 고무신의 반쯤 닳아 없어진
갈 짓자 모양의 밑창도
다 잊을 만큼 좋았다. 신났다
다 내 것인 양 그렇게 기쁘고 흐뭇했다
행복했다

오빠와의 대화

오빠 오빤
대화를 거는 야누스
시대의 트로피
괴상한 후광의 냄새는
향기 나는 반사
수상자의 소감을 다는
기자신지 비평가신지
기실 잡 리서치 와중 중 투혼
나쁘지 않은 돋움 닫기도
빌려 온 물병들의 투명함도
승리에 관한 깊은 관점도
다 좋아 보이는
무더위의 가장행렬
희망도 열망도 소망도
다 경험해 보는
침을 뱉아 결정하는
향방의 국가 사안들
오빠만의 연습장
세상 되기
나 되기
무엇인가
반드시 되기

그날의 전야

온나
그렇지
올치 올치
퍼뜩 온나
오라잇 오라잇
오시게 어서
오는 발걸음
칭찬으로 춤추는
시대의 프롤로그
엔진의 큐시트
광활한 시작
희망의 에필로그
보이는 필사
감추인 대필
표절의 통곡
모두 진배없는
이동하는 뒤풀이
갈비집의 고깃내
계란 속 냉면
국수 속 잔치
빨간 메니큐어
까만 구두 굽
곤내 나는 정장 수트
자판의 요란한

손가락이 파티를
벌이는 화사한 이브
그날의 전야
오늘밤

나는 순록의 뿔이기에

때 지난 계절의 자취를 들척인다. 영하권의 추위는 생기의 초록빛 꽃잎들의 화사한 빛들을 거둬가 버렸다. 어디로 데려가셨는지 남은 그들의 자리는 이제 앙상한 가지로서만 긴 나무의 앙상한 몸통과 몇 가지 부서질 듯 흔들거리는 바삭거리는 한두 개의 잎새만을 남길 뿐이다. 그나마 색을 발하던 늦가을의 라일락 빛 연갈색을 띤 애처로이 남은 풀잎 색 빛의 나풀대던 연둣빛들이 사라졌다. 어느덧 깊이 침잠하고 내부로 향할 겨울잠 속의 곰과 개구리처럼 움츠리고 숨어들고 깊은 공간과 시간을 지나게 될 것이다. 다시 움틀 순간만을 바라며 또 한 번 비상하는 내게 찾아올지도 모를 어떤 기회의 시간만을 기약한 채 겸허히 수그리고 준비한다. 그럼 곧 꿈이 지나고 빛이 나는 따스함의 개화가 일 것이다. 그것을 간직한 채 기다린다.

순서와 순리와 순명을 따르려는 서리와 눈발을 가르는 나는 순록의 뿔이기에.

다작

다해
너 다해
난 또 왜?
부럽다고 우기는
동무의 솜씨는
나 같은 다작
다해 보는 '트라이'
속옷 아니구요
이모 배우도 아니구요
엘리베이터도 아니구요
그냥 다해 보는
다작
시도
도모
찔러나 보는
못 먹는 감

사 년여의 결산, 평생의 결산

감회라
사 년여의 결산
일 년여의 보람으로
물들여지는 팔월의
어느 올림픽
관람자의 가슴은
별이 반짝였다

빛이 나는 금빛 은빛
물론 동색도 감지덕지
영광의 소리는
정경부인의 치맛단
옥색 나풀대는
낙락한 품격

훔쳐보는 다른 나라의
색동 무늬
부럽거나 웃기거나
유착된 과거

미래의 다른 문양에는
더 빛이 나는
기대와 포부
애정과 비전

가능과 지속
발전과 평화
오래된 사랑
이루어지는 동화

그냥 긍정
그냥 성취
그냥 성공

하면 다 된다구요

못된 아가씨
지금 방 훔치고 있는데
방 좀 닦지 하신다
세숫물 퍼 가는데
발 좀 닦지 하신다

오전과 오후를 가르는 정오의 중천은
정수리 타 들어가는 작열의 누런 기운을 내내 늘어뜨리고
아씨 노랑 저고리의 붉게 바래는 훙건한
겨드랑이의 파란 내 풍기는 이제 몰하면 되지의
낭랑한 자문을 드리운다
겨우 하려던 초췌한 비질
파리한 양동이의 물은 동동 휑한
쓴웃음으로 요동친다

어서 하라는데 몰하지?
불같은 화들짝 엄명에
그래요 그걸 안 하고 말겠네요
미운 세 살의 장난기
어지런 방 안의 객기가 그렇한 종살이를 서럽게 다독인다
이미 정해진 일과란 일생의 손끝 잡선의 향취가 난다

그래요 기필코 하고야 말겠네요
쓱 훔친 눈물방울의 지린내가 코를 간지리우고

솜털의 뽀송내가 저녁의 막 시작된 한기를 다독인다
여심을 위로한다
그래요 하면 다 된다구요
하고야 말겠다구요

심연의 깊이는 내일의 바람

깊은 심연에 닿고 파
버릇처럼 입에 물고 빤 솜사탕의 감칠맛
그런 게 있어
어디에 도대체 어디에

들어간 방구석의 냄새는 아랫목의 단내마냥 쾌쾌했다.
갈라진 방구석을 서걱거리며 훔치자니 솜사탕이 스멀거렸다.
더 깊이 아주 깊이 파고드는 내면으로의 소름끼칠 듯한 예리한 침잠
놀이의 장난감 같은 인생을 관통하는 달짝지근한 바늘의 깊이
더 깊이 조용한 농담 더 더 깊은 침묵의 언어들

바꾸어 버린 버릇의 토이
길게 늘어뜨린 스카프의 술
냴름 삼켜보는 진리 같은
사탕 땅콩 아몬드
옛날 엿치기의 승부사
숭숭한 나열들 이거지
고여 썩은 구더기의 무리
쓰레기의 환생

결국은 깊은 곳에서의 침잠

낳을 나을 나올

반드시

전투의 당락들

나지막이 부르짖는

바람의 깊이

0의 지대라는 측면에서

R아르의 Fado파두

간발의 차이, 순삭처럼

떠나시구려
말줄임표 같은 너의 울음
애시당초 존재 않는
냉정한 주시들
차디찬 성적표
휴지조각의 허무
너무한 진정
뱀 같은 날름거림

말도 안 되는
그래서 잃어버린
한기의 등 조각
푸른 창공을 가르는
한 마리 새처럼
자유롭고 당당한
기개와 절개를 쫓는
멀어지는 수평선에 걸린
비틀어진 돼지들

무식한 바가지의 소리
갓생의 편지라도 있고 없고
절대 울지 않기 같은 착각
다음 번호 대령이요.
New, Knew, Now

끝없는 무한한 이상으로
다시 받아 든
오늘의 사투
지리멸렬한 대전
피 튀기는 전장
작열하는 태양의 지구를 향한
단면의 포효

그렇게 오일장은
저물어 갔다

떠나가는 숱한 세월처럼
놀랄 일도 새롭지도 않은
마치 영겁의 하루 같은
단번의 승패
사활의 한 순간
마중할 수도 없을
간발, 순삭처럼

바보라서 포기시냐구요

포기
몇 포기더냐
바보라 모르는 것이냐
몇 포기더냐
그저 세어 보렴

포기가 아니라
단이옵니다 단
자꾸
바보시냐 자꾸 포기라고 하시네

단이나
포기나
얹혀 있어
떼거지로
이 바보야
그게 그거여

바보라서 포기시냐구요
단이라니간요
자꾸 자꾸

제4장

백수는 코미디의 냄새가, 백조는 비극의 냄새가 났다

넌 그냥 있으렴, 우리가 다 마법 풀어주니까

귀갓길이 이런 시간인
오늘의 일수는
나의 고향과 당신의 고향의 상봉
이런저런 책들을 사서
기필코 읽으리라
시간을 기필코 내리라
공부에 전념하리라
한눈팔지 않으리라
모두 다 나의 님들 사랑하리라
기어코 이루리라
리딩 라이딩
다짐들을 나열해 본다

그대의 고향은 먼 타지
그곳을 나는 미리 그리워한다
어느 날의 미지의 나라와
어느 서구의 나라 혹은
유치원의 나라와
남편과 지아비의 나라
그리고 나의 나라까지
모두 섭렵한다
시조 설화부터
전성기의 왕과
국가의 형태와
독립운동가들을

묵념한다
훌륭하세요들
존경과 경의를
신께 가호를 빈다
모두가 사랑이야
댁들의 아드님을 제가 사랑합니다

용서와 약조를 허락하소서
그리고 그들은 행복하게 오래오래 살았답니다
미래의 디즈니 기록을 들춰 본다
과연 권선징악이 맞군요
착하게 살아서 발에 맞는 구두
열두 시 전에 신을게요
"넌 그냥 있으렴! 우리가 다 마법 풀어 주니까"
"네"
착한 나를 결심 다짐합니다

그런데 도둑과 악당은 누가 잡죠?
투 잡의 공주님 피곤하신가 봐
그래도 대관식은 진행 된답니다
행운을 빌어요 부디
왕관의 주인 되시길
그러나 새옹지마도 있어요
기억합니다

그렇게라도 기억된다면 다행이야

난 이런 날에 무슨 말도 나오지 않는다
이빨 빨래 빨때
다 별로다
어떻게 해야 나에게
그리고 그들에게
위로가 될지 잘 모르겠다
사실 그럴 필요도 없을
시기와 운과 가감의
Sisters
솟구치는 동맥의 날 선 수술 자국들

어찌됐건 그냥 그렇게 됐다
나도 그도 또 그도 다 뭔가 하긴 했다
팀이란 거구나 생각도 든다
그래도 아쉬움이 남았을까 그것도 잘 모르겠다
어떤 수레바퀴 밑에 다 있는 느낌이다
막 힘차게 돌아가고 있는
물이 마구 떨어지는 앞도 보이지 않으며 소리도 요란하고
뭔가 해야만 살아서 나가는
하울의 움직이는 성이나 센과 치이로 같은 빠져 나올 수 없는
수레바퀴 속

다들 그럴 거야

이 번만 돌리면 밝은 빛과 맑은 공기를
마실 수 있다고 생각했겠지
그 점에서 동정이 가
근데
그네들이 밟고 있는 게 바로 나의 등이었어
나의 등을 밟으면 바퀴가 굴려졌거든
나의 등은 쩍쩍 버티기가 너무 힘들어
나는 그곳의 모든 물을 마치 혹등고래처럼 다 삼켜 버렸어
물레는 멈췄고 바퀴도 아무 소용이 없어졌지
수레는 더 이상 아무 짝에도 쓸모가 없어져서
다 분해돼 버렸어 그냥 나무 도막이 된 거야
등을 편 나는 마구 눈물을 흘리며 다시 물을 찾았지만
다 마른 셈은 아무 말도 없었어

나는 그제야 등을 매만지며 집으로 돌아왔어
그곳은 흔적도 남기지 않은 채로
벌판의 일부가 되어 누구도 옛 흔적을 알아보는 이가 없었어
그 자리는 코스모스가 자라
언제 그랬냐는 듯 가을을 지키는 꽃으로만 남게 된 거야
그렇게라도 기억된다면 다행이야

욕망의 유혹은 너무 비싸다

기다리는 날들의 애상
바라보는 이의 비통함
그들의 문제들을 들여다보노라면
나의 것과 겹치고 바뀌는 아찔함이 있다
왜 그들은 자멸을 자초하였나
끝에 있는 것들은 언제고 떨어지는 위험에 처해 있고
오르는 것 자체가 불가능하다
잊는 편이 편하고 안전한데
그 높이에 대한 갈망을 놓지 못한다
평범한 일반인 모두가 그런 경향들을 갖고 있긴 하다
개중에 운이 좋으면
비껴가거나 거절하거나 거절을 거절하면 죽여 버린다
오직 셋 중 하나다
아예 못나거나 비범하거나 뛰어나거나인 거다
그게 아니라면 평범, 보통, 일반적이라면
먹이의 그물에 걸려 평생 멍에를 지고 사는 거다
인생 새옹지마 잘난 편인 줄 알았는데
예쁘고 능력도 있는데 굴레가 된다
욕심 없이 사는 것이 제일 어렵다
욕망의 유혹은 너무 비싸다

때문에 다들 너무 잔인하여지고
이성을 상실하였지

집에서의 하루는 잠이나 지루
티브이나 그림 도판
음식이나 음료 창가나 창 안
난 왜 광대이기를 거부하는가?
마치 네가 그이기를 거부하듯이
마치 네가 내가 되기를 바라거나
내가 그런 또 어떤 이를 소망해 보는
그런 날들이랄까

때문에 다들 너무 잔인하여지고
이성을 상실하였지
그래 꿈은 무서운겨
살생을 하게 하지
거기서 살아남는다면
넌 뭘 좀 아는 놈이지
다들 쾌유를

인생은 과연 시소인가?

무덥기 그지없는 헉헉대는 땀 비질비질
그래요 여름이라 치고
전 이런 뜨거운 여름에는
쿨한 곳만 목이 빠져라 두리번대다가도
언뜻 한겨울엔 따끈따끈한 아랫목만 찾아다니지만
오가는 계절의 넘나드는 기온의 들락이는 시소들처럼
역시나 인간은 늘 상대와 시소를 타기 마련이죠

바닥과 천장을 상대적으로 오르락내리락하는
누구는 초현실주의라며 시소를 타박하지만
시소라고 생각 않는 게 오히려 초현실입니다
인간의 본능에 기댄 개념이니
인정하지 못하는 두루뭉술 인생사가 오히려
우스꽝스럽고 어리석게 느껴질 따름
그게 바로 초현실이라는 건데

모나 도나 모순이나 합당이나 다다다
좋은 말로 화합 같은 공존이나 공유 같은 개념들이란
방금 투견 시켜놓고 바로 교배시키는 상황이랄까
잔인한 면면들
그래서 행방불명 발생하는데
상대가 얼마나 없어지길 바라면
죽었다고 철석같이 믿으며
꽃단장하고 굿하는 장에 얼씨구 나갔다가

딱 맞닥뜨리는 추태
그만하셔야죠들

추하고 걸리적거리고 창피합니다
정리 정돈 바르게 합시다들
날씨도 가뜩이나 더운데
아니지 지금은 겨울이지 참
아니나 다를까 추운데

다르기 마련인 성적표

언젠가 어디로 거슬러 가는지
거기에는 작은 아이들 있어요
큰 아이도 보이고
나를 바라보던 그들의 눈빛은
바램 같은 것들
장차 올 모든 운명들에 관한 예고 같은
내게 온 것은 그들의 간택
다름 아닌 마라톤의 희망

나를 재던 그들이
이젠 내가 그들을 재었고
게임의 종착지에선 울거나 웃는 아비규환
질서의 나열들
혼란의 광란
통곡과 절규의 마당
목격자이자 스파링 파트너 되어
지난히도 진을 뺀
나의 오열 또한 가련타

우리 마마님들
손에 든 모래알
흩어지는 해변의 파도
부서지는 흰 물보라
나의 자취 나의 향취 나의 취향

모두 모아 보내면
그대들은 길 잃은 강아지 나의 강아지
귀여운 앙증맞은 주인 떠난 유기견
어디 감당해 보아
나의 등을 파먹은 대가를 보아 봐

다들 받아든 성적표
각기 다른 기록의
참으로 차이 나는 성적표만이

덩그렁

돌아오라. 결점 없던 그대들로

비바람이 다가오는
마치 폭풍의 언덕 같은
집 밖이 펼쳐질 때
방 안의 가만한 나는
나름 반성의 자신이 된다

그땐 그러거나
그러지 말았어야 했어 같은
후회 같은 반성

그나마 다행이지 내가 심중적으로나마
반성의 기미를 드리운다는 것은
그조차 하려들지 않는 망나니 안하무인들은
이런 날씨 속에서도 신나라 나다니다가는
너 나와 안 나와 안 나오면 내가 쳐들어간다면서
원한 섞인 화풀이에
다 네 탓 그도 아니면 다 내 것이라는 식의
논리를 펴는 아해들 어쩔까나

아무나 하는 건 아무것도 없는 게 맞나 보다
그 가엾은 영혼에
신의 가호와 진실들의 보따리를 안기우며
난 항상 널 위해 기도해
부디 안녕하기늘 하며 진심을 건네어 보지만

아무것도 뵈는 게 없는 인물들에게는
그냥 침묵 속에 스쳐 간다

진리의 얼굴 진리의 사람 진리의 누군가는
그렇게 기억 속으로 사라지고
추억 속에서는 원한과 원망으로 적대시되는
알던 원수가 돼 버렸다
무엇을 위해서가 뭐가 중요하리요

그냥 그것들 자체가 불행이고 불운이다

그러나 언제고 그리고 지금도
반전의 반성의 시간은 흐르고 있고
선의와 도의로의 전환은
언제고 가능하다는 게 중요하다

돌아오라 무지 전의 무죄의
결점 없던 그대들로

코로네이션은 투비컨티뉴겠죠

날이 날인지라
코로네이션 관람 중
그닥 감동이나 감흥은 없네요
할머니 생각나고 손주님 생각납니다
솔직히요
아버지는 글쎄 별로
저의 취향은 절대 아니구요
이름이 더 멋있는 것 같아요
킹 찰스 찰스더써드
부인이 세 명이라 더써드인가요
아니면 자신이 세 번째 남편이란 건가요
아 세 번째의 찰스라구요
이웃집 찰스도 부지기수인데요
세계에서 세 번째 서열이란 걸까요
편한 대로 생각해요 나랑 상관없잖아요
세상에서 세 번째건
세 번째 남편이건
세 번째 부인이건간에요
그나저나
이젠 퀸 카멜라?
것도 별로네요
별로 존경이 안 간달까
근데 흰 가운은 아니 흰 망토인가요
그건 좀 좋아보이네요 보랏빛 왕관도요

어쨌거나 저쨌거나
경하드리옵고 경배드려야 되는데
허리가 좀 안 좋아서 굽혀지질 않네요
먼저 치료받고 서약 지켜 볼랍니다
침도 맞고 부황도 뜨고 찜질에
무엇보다 현실로 돌아와
리딩 진행하고 워드작업 하고
일상 복귀할랍니더 내는
코로네이션은 투비컨티뉴겠죠?

*Coronation : (새 왕의) 대관식

혜경궁의 처마 끝

오 삶의 무상함이여
무지함의 허망함이여
창공의 허무한 광활함이여
절망함의 좌절들이여
슬퍼질 때 바라보는
눈망울의 절규
강물 속의 나르시스트
누군가의 핏자락
다른 누군가의 생명
또는 어떤 이들의
사라진 영혼
달랠 길 없었던
고통과 지옥 속의
나락들
괜찮아
괜찮아
다 그래
다 그렇대
다 사라지는
국가간 전쟁
잿더미 속의 살점들
다 괜찮아
다 사그러드는 역사
혜경궁의 처마 끝

알겠어
다 알겠어
이젠 다 알겠어

보스와 아내

오늘은 불쌍한 아찌들 생각에
사탕 같은 질문들도
왜 사탕 같을까요
달콤하고 서서히 녹고 떼거지로 들어 있고
근데 어떡하죠
난 일편단심 젤리만 먹어요
빨간 파랑 노랑 박하나 자몽맛 머쉬멜로
같은 젤리류 말이죠

사실 사탕들의 반란이 어제 오늘 얘기는 아니지만요
폭력이란 실행되고 나면 돌이킬 수가 없어요
영영 이별을 야기하기도 하죠 아찔하죠
난 내 마누라 위한답시고 사탕발림 날렸는데
보스로부터의 해고라니
마른 하늘에 날벼락 내 보스 돌리도
아내와 보스 중 물에 빠지면 먼저 누굴 구하실까요?
그 따위를 질문이라고 이 병닭 같은 개걸레 질문
물은 엎질러지고 비참한 현실만이 도래하겠죠

그들 비하할 생각 없었는데요
우리 식구들은 그러지 마요 남들한테도요
우리끼리 먹고 살기도 벅차잖아요
믿습니다 믿습니까 믿습니다 할렐루야 아멘
스스로를 축복합시다 송축합시다 축하합시다

그리고 난 참고로 하나도 비참하지가 않아
그래서 그걸 어떻게 관리하는질 몰라
질문 뚝
엿보질 말란 말이야들
결과들에 놀라거나 힘들기 없기
성적표는 다 다를 수밖에 없으니요

나는 나 이렇게요

산봉우리의 바로 밑이에요
정상이 보이는 거죠
깃발을 꽂기 바로 전이네요
아니 이미 꽂았을지도 모르죠
모든 과거는 현재 속에 있잖아요
그걸 우리가 모르는 사이
바로 전이 될 뿐이니까요

아트 페어가 공평하다의 페어든가요?
아님 물고기의 그 페어든가요
세상은 참으로 알 수 없죠?
내가 새로운 누군가가 되는
그런 행세를 하는 건
재미나면서도 불쾌하죠
누구인 체하는
거울보기에는 벌이 따르기 마련이죠
보는 사람이나 보이는 사람이나 그건 옳지 않아요
그냥 나를 나로 받아들이고 인정하면 될 것을요

뉴페이스는 언제나 다른 뉴페이스에게
자리를 내주기 마련이죠
왕좌는 끝이 없다고나 할까
그냥 여기서 인정
오케이 싸인 하시면 돼요

나는 나 너는 너
우리는 우리 너희는 너희
범죄자는 그
총수는 다른 그
모 그런 식으로요

예쁜 애는 너일 리가 없고
갑부는 또 너일 리가 없는 건가요?
그냥 다 그런 대로 살아가요
내버려 두면 다 좋아요
그걸 못해
그냥 내비도
모두에게 그렇게 전해 주세요
나도 그도
난 나
아이유 아니고
나는 나
이렇게요
그렇게 부럽던가요?
나 자신을 놓을 만큼

주제는 제일 모르고 분수는 당연히 모르고

자신의 불행과 불운 등을
느끼지 못하고 마비된 이유는 몰까요
적벽대전 영화에는
적군의 비파 소리에 취해
전쟁에서 지는 장면
넋을 놓게 되는
병사들 나오는데요
미인계에 넘어가는 스파이나
삼천궁녀가 적의 왕을
끌고 절벽으로 떨어지거나
그런 예들은 많죠
섬뜩합니다

적을 알고 나를 알면
백전백승이라는데
나도 모르고
적도 모르고
내 님은 더더욱 모르고
아는 게 뭡니까
주제는 제일 모르고
분수는 당연히 모르고
좀 알고 살았으면 해요들
그 처리 못한 아리따우신
로또 떨어진

여친들 말하는 거예요

한숨이 나네요
한심해서요
아는 게 없는 꼬라지가
무서워하든가
자유롭게 하든가
둘 중 하나라도
제대로 하는 게
하나도 없어
시녀 하녀 그런 거
약해 보여요

밤이 되면서 그림자는 함께 사라졌다

토마토 먹어
영양분이 아주 많단다
부들부들한 속이 톡 터지면
비교적 어석한 껍질보다는 나아
일단 터트려 속을 꺼내 먹으렴
꼭지는 따고 발그레한
물렁한 속을 꿀꺽 삼키렴
토마토는 그렇게 나의 안으로 들어온다

서너 개씩을 먹고 나면
비교적 길다란 놈과 더 짝은 놈 한 놈씩이
데굴데굴 굴러 내 시야를 교란시키곤 한다
어느 구석진 커튼 밑으로 사라졌다가는
바람 한 번 일고 나니 다시 내 앞으로
둥그르 굴러 돌아왔다
냉큼 혀를 굴려 두 앞니로 앙 베어 물었다
톡툭탁 속물이 얼굴을 타고 목을 타고
가슴까지 흘러내려 당혹스러워서 울음이 났다

그런 대로 동그란 모양의 쌍토마토는
다행히도 제자리를 지킨다
접시 바라기라고 하지
두 개가 나란히 앉아 종일을
나무 탁자 위를 수호하였다

참으로 뿌듯하지 않던가
지키고 머문다는 것은 말이다

속이 터진 나머지 두 토마토도
이젠 접시 위로 튀어 올라와서 진물을 드리우며
밤이 되면서 그림자는 함께 사라졌다
어디서 모하는지
알 수 없는 영 이별의 수순에 있었다
토마토는 이 이별에 슬펐지만
눈물은 보이지 않기로 한다
자신의 남은 날들에 대한 마지막
기대이자 예우이다

쉽게 말하기 있기 없기

어디서 모하시는지
여러 모양들이 스쳐 지나는 지금
그 하나하나에 집중합니다

무엇이 더 필요하세요
부모님께나 건넬 질문을
연달아 퍼부어도 보는데
돌아오는 답이란 그저 그런
모가? 왜?

그런 퉁명스런 대꾸 같은 나열들
무심한 권태의 징표들
냉정한 읍소
시니컬한 비웃음 같은 조소
웃겨 같은 삐딱한 단어들
언제 그랬냐는 듯한 싸함
흘겨보는 듯한 눈빛에
스치는 소스라치게
놀라는 반응까지

죄가 딱히 있는 건 아닌데
친절 아닌 무정한 냉대
본척만척 무시에
불성실한 주시

냉랭한 눈빛과
차가운 목소리 등등

나올 것 하나 없어 보이는 봉양들
그래야 공경하는 건 아닌데요
왜 걔네는 내게 이러는 걸까
한마디로 냉대
수술 전 얼굴 때문은 아닌지
괜히 자책이 드는 저녁

나 너무 모라 하지마
당해 보면 다 알아
더 당해 보든가
그 입장 돼 보지 않구
쉽게 말하기 있기 없기

선덕여왕과 빅토리아 여왕

어디에요 뭐해요
선덕여왕과 빅토리아의 콜라보 카피
과연 심오한 철학이 숨어 있진 않을까
계속 들여다보고 또 보구요
27대 최초 여왕
혹은 최장기간 군주라는
그녀들의 타이틀을 훔쳐보다가
그래서 어쨌다는 거야
그게 나랑 도대체 무슨 연관이 있다고 하다가도
난 인정이 안 돼 인정이
한갓 무수리 따위가
그녀들의 왕관을 매만지며 기웃거립니다
평생 가도 스칠 일도 볼 일도 말 섞을 일도 없을 듯해 보이는

아니 아니 그게 아니라
그냥 한 번만 보자고
거기 바람에 날리는 스카프 조각 한 오라기라도
스쳐 가고픈 아낙네들의 후회는
그녀들이 아닌 것일까
아니면 그분들이 아닌 것일까
어쩌면 둘 다예요
That's it
그게 바로 패인인데요
그러구나 그랬구나 하는 거죠

제5장

궁전이 있다면 물어보기로 했다

합격입니다

게임 하다하다 남아난 코인 바닥난다.
일단 극한 상황 수긍하고 나면
반대로 가는 요령
몰라서 못하진 않아요
레인^{lane} 원하는 것뿐이죠

정직한 자가 대가 받는 세상
원하기 때문
요령이라 의심일 때는
방법이 없는 아이러니
잔악무도하거나 억울한 솔직녀 중
하나이겠죠

선택의 권한이
어떻게 심판의 아량인가요?
선수의 페어플레이 자격이죠

일단 극한 상황 수긍하시고
나이 70에 와이즈해지신
나이 71에 보위에 오르실 언니
그러나 곧 72세에 서거하실

오늘도 응원하시고
도박, 절도, 강도

모두 모두 눈감아 주고 나니
문자 하나 날아왔네요
"합격입니다."
= game is over

용왕님과 여왕님

인당수 몸 바친 딸의 직급은
princess
며느리 올케의 한은
용왕님의 선처로
princess

선처라기보다는 양자 입적
심봉사와는 사돈지간?
지상의 토끼가 여왕님께
바다 밑 심청이 간추하여
princess

공주병이 치유된 순간
환희의 ally
몽유병은 이루어진다
그러니 노력과 현실의 상관추이 관계
가치 있음 판정
용궁 입주 확정
역시 princess.
여기서 prince의 복수인 princes와 구별

달라 달라 정말 달라

치아 관리야
이빨 닦기지

신데렐라 컴플렉스야
공주병이거든

외이디푸스컴플렉스래
질투하는 거네

카인드의 뜻은
친절?
아니지 착하다는 거지

커피 전문점이라고 해야 해
그냥 카페지

드럭 스토어?
마약 판다고?
약국이라고

스마트폰이라고 해야 해
그냥 핸드폰이지

티브이는 끄지 그래?
테레비나 보라구!

달라 달라 정말 달라

W

유모의 한을 받고
첩의 비상들
눈물의 지난날을 소환해 보며
키운 아이
어른 아이
나일까마는
다 너

웃으며 받아든
성적의 꼬리들
a. b. c. d. e.
너의 마크는 무엇일까?
모든 행운과 모든 운수의 wheel
굴려보는 나의 화살
정곡의 궁수법

나의 사랑, 원망은 같은 것
운명 같은 명령
손잡을 것
영원히 놓지 않을 것
정 중앙에 새겨진
점괘의 한 마디

눈초리 바라보다 불어오는

봄바람의 아비. 아이
다 나라는
우리의 나눔
서로에게 보내는
선물 한 박스

전령

어스름한 저녁녘의
보람은 노을빛을 띤다
땀이 그러라고 전했다
빙고 888
앗싸 777

신통방통하다는
장하고 대견한
딸아이의 성적표
구릿빛 금 도금 트로피
빨간 커프의 오리지날 인증
봄의 전령은 투둑투둑
빗소리를 내며
베란다 철창살을 두드린다

녹슨 간이대 녹색의 원상복귀.
문장가의 대를 잇는 귀염까지 토했다
비가 개이고
땅거미의 노을빛은
코랄 빛 여운
아들
너도 분발해라
watson가의 장남은
완승이여

888
777
카지노 슬롯머신 빠칭코
섭렵 완수
요행 한탕주의는 제적除籍
노력의 완봉승
순간접착제 바른 두 엉덩이
행운의 재직 증명서
집중

하하하
벨이 울린다.
유람 가자는
노인정 여편네
팔불출 되는 날
전령사

할머니의 허락

태초
할머니의 허락은
호랑이의 가죽 털
반달곰의 단군 잉태
삼신할머니였지
아니 아니
영국 할머니
에이 떽
Her Majesty
Confirmed

결재 서류에는
호랑이의 학생증
반달곰의 교수 자격증
에세이 논문에 대한 품질 보증은
전무후무합니다
표절, 차용, 패러디
포스트모더니즘의 딜레마
자로 재다 물러터진 홍씨
일편단심의 주홍글씨

버스표 한 장 아니 네 장 필요해요
비행기표로 절간 탐방할 거니까요
'세상에나'

거나
'그레이트'
종교재판 회부된 스님과 수녀님
어느 쪽이 더 센가요?
지혜 씨가 제일 아닐까요?

전지적 작가 시점 유지하시고
대사 길이만 유의하신다면
할머니 가족 휴먼 드라마
'훌륭합니다'
혜택, 선택, 결정, 낙점
그때 두꺼비가 말했다
"그럼 난 모지?"
그러자 들러리가 말했다
"넌 나지! 들러리!"

케이크와 절편의 십계명

①케이크 혹은 절편의 전혀 관계없음 전제
②심장 박동수 희망
③땋은 헤어스타일, 옷의 끝단과 색상 참조
④여왕님 귀는 당나귀 귀
⑤창문 관찰 통한 생사 확인
⑥혼외 자식 입적
⑦연대기의 연수 기재
⑧성역 없는 수사 묵인
⑨수명 연장 기한 간구
⑩부자의 부채 상환 날짜

에비다 에비타 아바타

아비다
에비타부터 먼저 불러라
에비타! 먼저 갈취부터 하거라
에비타! 홀로코스터부터 선취하거라
에비타! 극악무도의 지름길을 익히거라
에비타! 권좌에 앉는 것이 급선무니라
에비타! 왕관의 이후는 일사천리일 것임을
에비타! 버튼 누르는 일에 익숙해지거라
에비타! 세상을 그대에게
에비타! 고지의 쾌재와 환호를
에비타! 그래 근데 접속은 하였니?
에비타! 참! 이게 니 아바타니라 참 예쁘지?

흉내가 난다

흉내가 난다고
할머니의 손녀는 말하곤 했죠
이 말의 해독은 사실 필요 없거든요
모두가 직독 직해 가능하니까요
태평성대 보장보험 뭔가요?
바치는 재물은 아닐 거구
가진 재물도 아니겠죠
그럼 뭔가요?
추리닝 트레이닝 중인 건가요?

희망 고문의 버릇은 여전하시어서
개, 소, 돼지한테
다 써 먹으면 벌이 앵앵
대책을 공유해 보아요
기밀문서는 테러의 온상
까발기는 선수의 십자가 하고 싶지 않은
공주님 불어요 바람, 후—

어떠하나요? 너무 못하는 나그네 심정
폐망과 퇴폐의 부조리
각성도 자아비판도 모자라
후보 키질
결혼 찌라시 구라의 이용 버전
비애와 비통

왜 더 잘하고 더 많이 아는 것을

폭압과 가해로 써 먹나요?
부조리를 훈련이라고
속이면 속아지나요?
세상의 무서운 호락호락
두렵지 않네요
저항을 선포하는 바이에요

빠른 쾌유와 빠른 진척
제시하세요
요청 묵인은 무능의 다른 이름
한시적 권좌
결론은 좌절, 절망스런 폐인이죠
불합리와의 타협
비리와의 협상은
자진 사퇴 그냥 하야
오르지도 않은 왕좌들
지긋지긋한 푸닥거리
종착지 선포 부탁해요

아버지
아니라 니네 아버지
아니구나 니네 지아버지
그래 기다린다
입헌군주 체통 지킬
그날 그날들

아류와 야사들

그래요 난 아류에요
불면, 방화, 약봉지
그래요. 누구 거겠어요?
정사의 반대, 야사
원래 아류가 그러라고
있는 거 아닌가요?

천재는 모르는
원본의 아우라, 각선미 따기
왠지 황새와 비슷한 어감이 나네요
스승 전전하는 민폐자들
백치의 헛삽질은
구할 길이 요원하다는

천재의 황새에 관한 레퍼런스 테그
뱁새 가랭이 챙기고들 있나요?
수위 조절 부탁해요

고흐와 고갱의 엔딩 테이프

살인자가 살아남아야 하는
유일한 이유는
지구 멸망

두괄식과 연역식
사이에서 난
유일한 결론은
사망의 전설 아니면
바다의 신화
그럼에도 궁전의 청소는 계속된다

설국 열차 속에 평생을 갇힌대도
왕관 아니면 화장
그래서 예뻐졌나요?
화장 직전 저승의 냄새는 두려움
구원의 애걸복걸

협박의 수위는 정상급
"그것만을 위해 사셔야 합니다"
별채 상궁의 오로지 남은 희망은
"성은" 이었지만서도…

한계령은 봉우리일 뿐

신분상승에는
적응시간이 필요해요
신분 하락도 마찬가지죠
하이라키 hierarchy 정리할
정신적으로 순서 익힐 시간 말이죠

윗선은 올라갔는데
아랫선이 몰라보거나
아랫선이 절대 복종하더라도
윗선에서조차 명령체계
메뉴얼 순서 다 못 외워요

근데 문제는요
하락의 경우
내려오는 거 못하는 지경
하이라키 정리정돈 끝났는데
혼자만 왕인 경우
착각도 전염

무수리들의 반란이란
불복종이나 화이트 라이스들이죠
미정 상태에는 더 가관
오합지졸들 춘추전국이라구요
벌어먹여 살리는데

허리가 휘청거리죠

말단직들이야
어차피 딱가리라 치지만
딸려가는 상궁
자기가 여왕인 경우가 허다해요
그리고는 결국
다 내려와서 흥얼거려요
내려갈 한계령
겨우 오른 봉우리
그저 넘어가는 고갯마루였을 뿐
내게 내려가라 내려가라
지친 내 어깨를 떠미는
지친 한계령
내려가는 봉우리 한계령

Bloody Mary

절대 헌신과 복종의 게임
베스2세 아니면 1세라도
포복기도 자세의 다윗
아니면 솔로몬의 지혜의 재판명
사랑과 합당
가당과 부당
균형과 정당

Bloody Sunday

억울한 누추함의 질투
부정에 관한 무능력
화성, 목성, 수성의 화병
심장과 불면의 기대치
조현과 착란의 광견병
다다 다

어느 쪽이 더 비극이라고 생각 하나요?
-모닥불과 고등어구이를 중심으로

전설과 신화
누구는 같다고도
누구는 다르다고도 하지만
정답은 바뀔 수도 있다는 거예요
나와 불특정 다수의 혹은
그들의 구명조끼가요

구명 도중 쓰러지거들랑
인덕션 버튼 꾹 누르고
버섯 볶아요
버섯은 달지만 이킬로 이상 볶아야 해요
비타민 D 합성 하거든요
기대하시죠들?

그래서 빵 굽는 오후
오븐 아니 어븐
전설의 고향에 이스트를 뿌려 구우면
그리스 신화가 되죠
단 주의하세요
헤라의 질투
배 돛에 묶여
사이렌에 먹힐 수 있어요

아니아니아니아니

안 좋을 때 들으면 더 안 좋아지는
구미호
100일 전날
고백하지 마세요
자백하세요

동 서양의 모토는
역시나 안전이었군요.
safe = save
우리가 죽을 때는 너무 늦은 거잖아요?

복수

부여잡고 있는 사람에게는
한 말만이 반복되죠
"놓으세요! 잡은 것 놓으세요!"
발목의 경우
심하다
팔목의 경우
징하다
옷자락의 경우
숨차다
놓으면 비로소 보이는 것들

투박하고 질척한 진흙탕 속
부정不定과 몰인정에 대한 복수
해탈의 경지
접신의 높이
고도의 강림
마음, 도리, 이치, 사랑, 인내, 삭임
때로는 눈물과 감동
단순, 유려
원초적 원소들의
미분체, 적분체, 집적체들일

종기

니가 아름답다고 생각하냐고?
전화의 벨이 울렸다
아름다움은 예쁘지 않다
예쁘지 않다는 것이
못남을 의미하진 않는다
못난 것은 못생긴 게 아니다
못생기면 아름답다
아름답다면 못생겼다
못생기면 못됐다
못되면 예쁘다
예쁘면 못났다
못났으면 못됐다
못됐으면 아름답지 않다
아름다우면 못났다
니가 아름답다고 아직도 생각하냐고?

루비콘 강

세상에서 제일 쉬운 일은 기생
그보다 쉬운 일은 숙주 바꾸기
그보다 더 더 쉬운 일은 아바타 바꾸기

기생하는 장수
숙주는 영원불멸
아바타는 매년 교체 가능하다

세상에서 제일 쉬운 일에 능하니
언제나 행복하다
그 외는 불행

근데 이제 장관이랑 결혼시켜 달라구요

교장과 수위의 균형을 맞추어서
프로모션 진행할게요
청소부로 교육부 장관으로
각각 재배치
과거는 백지화
새로운 리셋 버튼

팝송 긱인더핑크 Geek In The Pink*의 가사란
일단 자리가 사람을 만든다는
다 아시다시피요.
결재 서류에는
피씨 윈도우 버전 엑셀 차트 작성 필
각종 아도브 2019 버전 깔아주어요
엔터키 그래프 각 축 그리기
기울기…
자동차 시동 거는 일이 제일 쉬웠던
장관님의 결재 싸인 기권 전격 수용

근데 이제 장관이랑 결혼시켜 달라구요?

*부정입학 운운하는 시위대. 팻말의 정수리. 원형탈모증 같은 가발들.
다 별거 없다던 아비의 절규. 아비규환에 대한 향수. 거봐 별거 없지?
부르주아의 노스물, 눈물의 아비, 며느리가 엎어버린 상차림.
내 말이 맞지? 다 거기서 거기라니까! 그냥 앉혀 놓으면 다 하게 돼
있다구! 능력, 아이큐, 천재, 노력마저도 대물림되는 원앙

철학가와 변호사

철학가는 가해를 찾는
유정이라고 자칭하는 무정인
무엇이 그리 문제인가요?
척추의 배열이 잘못됐나요?
질척한 바닥의 포만감
늘 부족한 끼니 때문인가요?
투척된 양념들의 양에는
하자가 없는데요

악랄한 갑질의 냄새
연명의 올드 앤 와이즈
나이 85세
유리정원 식물들의 평균 나이
기회와 능력의 공평한 재분배

철학가는 이론서를
변호사는 법전을
번갈아 함께 낭독하는
녹색 코트
다시 비추는 교안의 재판소
도리도리도리한
시형들의 카테고리

해피 엔딩

   다음의 게임은 가상으로서 절대 허구임을 미리 밝혀두는 바입니다

   체스판의 사라질 말들의 머리
   바둑판의 흰 알의 검은 알 까기
   장기는 물러야 제맛
   악명, 악랄, 악령의 코인 알 투입
   순간, 더 큰 것이 왔다
   가상현실, 5G VR 게임
   망연자실한 행복의 미학
   왕 먹은 자체발광
   속성 트론 진입
   게임 오버
   천하 요행
   누전 알림
   뚜…

*천사의 에필로그 중에서

기상예보

<1> 다시 돌려보기

곧 비가 온다고 합니다
날씨는 예쁘기도 하지
양귀비의 아류
명치끝이 저려오는
장희빈의 미용 주문 배워 본다
무슨 제스처인가요 그건 또?
찡끗거리는 턱장애
손금의 가시덤불 헤치고
다다른 청담 사거리
호주는 호랑이의 친척들
꺾어지면 신호등의 분열들
길만 건너면 보이는 분홍 지붕
절대 울면 안 돼요
강남 사시니까요
새로운 땅
지파 이름은 Parasite Ⅱ
기생충 더 세컨드라고 읽으세요
예보와는 아주 다르시네요
보기엔 어떤데요?

<2> 자격

그대들의 X자 띠 두름

아깝지만
현대 시대 미스유니버스 탈락
이유는 비둘기의 다리 길이
비둘기가 월계수 잎을
물어오지 않은
홍수 속 노아의 승리
둘둘 말린 종이에는
우리 모두는 형제자매
나누어 먹으라는 지령
공유 씨가 섭섭하겠어요
"섭섭잖게 넣었다"
그걸 바라는 건 아니겠죠?
회사의 총수 정도는 돼야
기상예보 들을 자격이 되는 건 아닐까요?
참 비둘기는 구구구하고 울더군요

<3>암호

앞의 것에 대한
전년에 대한 조소는
조각과 소조의 합성어이죠
덧대거나 깎는 행위를 말하죠
능통하신 걸 하세요
그렇다면 회화를?
후회를!

글이나 쓰세요
분명 글자 모양인데
무슨 말인지 모르겠는 문장은
혹시 암호가 아닐까요?
억만년 떨어진
별로부터의 메시지 같은?
일단 오늘은 풀고 내일은 쉬세요
모레는 그냥 모르겠네요
날씨는 언제나 반반이에요

〈4〉 부평지구 유투버에요

요즘엔 방콕이 대세
온라인 여행 좋아요 누르고
주문량 폭주로
셧다운 된 부팅, 아니
부킹이든가
헛갈려서 원
유투버로 갈아타고
광고로 먹고 살랍니다 내는
구독도 누르고
하다 보면
달인, 달마시안, 달라이라마급 되지 않을까요?
글쎄요
유투버 접속은 유지하시구요
먹방은 소망과의 데이트 방 안 들여다보기
물론 하나마나한
도라지 노다지

촬영은 내일로
네-, 내일로

〈5〉 BBC의 하달

그나저나
일편단심
발휘할 때나
카펜터스의 노래는
부드러워요
부러워요
나눠 먹어요
원숭이의 두개골 요리
날씨는 방송국 버전이 정확하죠
구글 앱도 괜찮네요
그래도 머니머니 해도
BBC 버전이나 틀어줘요.
배칠스 스크립트 들어 있거든요
ps) 견적 나오면 보여주세요

〈6〉 정부

기상예보들 듣다 보면
역시 한국은 독립을 해야 해
그래야 나라가 편안해져
이게 식민이지
제국이구
휘젓는 취미
강대국의 toy

국모를 빼앗는 것도
아비를 꼭 빼닮았네
내정 간섭의 도는
정책에 한해도 복숭아 가루
재난 문자 보고 울면 뭐하나요?
내사(內査) 명한 편지의 뉘앙스
끝끝내 우겨보는 커피 가루
조사 받침 하나로 먹고사는
님과 남의 차이를
일찌감치 터득한
인순이의 아버지
아버지의 13번째 정부 수상
질투를 닮은 닭 핥기

⟨7⟩ 종결편

날씨 브리핑
투비컨티뉴
개봉박두
보고 결정해 줘요
내일 입을 옷

loser들에 관한 소리들

오심
오판
오만
살 소리 엔터

귀요미
애정표현
허그
단 소리 엔터

loser
fail
never again
욕 소리 엔터

실패
패배
지다
잔소리 엔터

삐에로의 인형

<1> 하나 카드

웃음, 기쁨 주고
사랑 환호받는 것은 나쁘지 않은 딜
그니까 요지는
결코 댁들을 함할 생각은 없다는 거예요
결혼식 전날 그 함 말하는 건 아닌 건 아시죠?
아니, 그 '아시나요' 가사 생각하는 건 아니죠?
가사 도우미라구요?
'라구요'의 가수가 누구였더라?
엿 먹고 간호사 시험 준비한다구요?
유체이탈만 하지 않으면 돼요
얼굴, 입, 말, 신체
한 사람이라는 신뢰
합격증의 고유번호이니까요
마음과 정신
사랑, 관계들
물론 하나시죠?

<2> 오늘의 운수

스포츠 신문
선데이 서울

뒤적이다 본
오늘의 운수
점괘는
폐북계정 연루 표절 시위
수상증 무마 격
71년생 돼지띠
82년생 개띠 조심
과거
국어의 주제
산수의 분수
다 맞았었나요?
기왕지사
취사보다는 취소를
압력보다는 전기를
흰쌀보다는 잡곡 포함을
권해요
하루 그냥 혹 가죠?

<3> 장마 전쟁

장마가 올 때가 됐는데
국지성 호우를 선호하게 되네요
시원하니까요

그래도 홍수가 가뭄보다는 나을까요?
과유불급
가물면
기우제 바로 가겠죠.
대과거 신녀神女의 머리는
디스코 딴 머리
삼발보다는 낫죠
목걸이, 팔찌도 차시고
누군가 닮았는데
가발 쓴 바비인형 신버전
아니면 배추머리 아기인형
아 처키도 있네요
하지만 '이제는 너의 기사가 될 수 없어'
왜요? 공포는 싫으니까요
근데 마로니 사모님
청담동 평창동 성북동
다 도시면
그때 말해 주어요
'삶이 끝나는 날까지 그대를 포기할 순 없어요'
얄리의 무덤가
74년은 백 년에 한 번 온다지요?
1974년엔 이미 굿 바이
2074년엔 제발 굿 바이
3-40년 장마전쟁
조기 종영

초고속 속성반

가능합니다

핵인싸시니까요

즉 바위라는 식의

〈4〉 새치기

본론에 다다랐네요

턱이 없느니

모자라느니

소개라느니

다 하고 싶은 대로 하고 사는 거죠

그렇지 않나요?

다만 중간에 끼어드는 새치기

좀 보기가 괴로울 뿐

강아지건

말이건

아무기건

대상이라기보다는 단어 새치기

다다다 다

동병상련이나

죽마고우나

조강지처나

다 다다다

같은 심정

이해를 바라진 않죠

아시다시피
5층 빌라
아니 real villa
사시면 좋으실 테죠
강아지도 몇 마리 야옹이도 한두 마리
이구아나만 피하세요
좀 징그러운 징한 구석 있어서
뭐, 보기가 좀 거북살스러울 뿐
아무쪼록
행운, 행복, 누리세요
발상, 물론 찍찍이 거겠죠?

⟨5⟩ 모모의 레퀴엠

어쩌다 별 따라
꽂아보는 스튜디오의
어떤 내음들과 향내들
본래 입출금용 도장이었을
모두 잃어버린
모모는 철부지
모모는 무지개
모모는 기혼의 전사들
늦은 건 없대요
출퇴근용 도장들
그 시절 무엇 때문에 인형을 샀던가요?
영리한 기호적

사유화라는 적폐

혹시 무늬만 방송국인 건 아닌가요?

뉴스와 음악 프로

앵커와 디제이

공평한 보도와

평정심의 멘트

요구할 뿐이죠

우리들은요

오늘 저녁 뉴스

나경원과 이해찬은

당기를 교환하며

웃고 있네요

십 년 전엔

협약, 협상, 타협, 타결

지금은 이상한 사적 계류

부조리의 끝판왕

이런, 고맙습니다

하얀 선이 그어진 잔디 구장의 마름모 판

스포츠 뉴스

야구장의 전광판

여자들에게 네 힘을 쓰지 말라^(잠언 31: 1-9)

〈1〉 건곤

5G의 시대

gun

gone

gum

good

goose

라고 해요

조선시대 거울은

파파라치의 뻔함

표구상의 절판 행사

올해의 사건 사고들 기사 작성

문구의 최고봉

사주, 내사, 헌사는 동의어들

419516과 같은 장소

송치 혹은 치기稚氣

정정당당, 정의, 페어플레이가 답이래요

가난한 선비를 질투하는 부자의 투박한 인수

혹은 그 반대일 수도

〈2〉 상처

상처가 번져 메모리

흔적이 남으면 악성 종양

지나치는 동경의 소리들이 부르면

달려가는 쿨한 척의 나그네 타기
훈련의 강도 최강도
연이은 망각 너를 잊다

〈3〉 낙타의 굽은 등

톰과 제리
제리와 고양이의 승리
모라카노?
헛발질의 패배
몰래카메라로 다 보여요
쥐구멍 속 먼지들
잡동사니
발 동동 구르며
나온 반찬 다 물리면
남아나는
구운 생선 한 토막,
생선의 흰 살들
나도 한 조각만 주세요
구걸은 금물
저기 어딘가 계신
나의 신발 한 짝은
착하다

〈4〉 세월의 피

세월을 다 낚으셨대요
글자도 물건들도 크고 굵은 대변혁
수포로 돌아간
컴퓨터 켜기
로그온 유지
조심해야 할 벨 소리는
살인의 지시
욕망의 가시
욕심의 생선 눈알
빼 보시면
평행선은 휘어진대요
투시도상의 만나는 점
벌겋고 위 아래로 기다란
행운의 줄 긋기

<5> 생선회 옆 쭈꾸미

큰어머니와 사촌 여동생 사이에 있는
프로야구는 선견지명이 있었을까마는
자신과의 싸움은 기껏해야
운율을 맞추는 교정자의 분필뿐
은행 직원은 너무 피곤해
따라 할 수 없는 바코드를
열 번이나 두드렸다가도
시집간 후에는 눈물이 고마움을 말리우고
안나 뭐시기 벤치마킹은 기차의 영원한 레일
고향에 숨어 살면 그래도 소꿉동무라도
된장이나 고추장을 나눌 거래

헤리포터대 일어과는 도대체 몇 등을 해야 가길래
아버지는 종주먹을 대셨다
백 속에는 지갑이
친구의 친구에게 융자한 대출은 다 갚았니?
그래서 인천 가는 지하철엔
합죽이의 사주와 뻐드렁니들의
자리 차지함이 그리 분주하고 바빴구나
짠내는 제발 이해해 보자
너무 하고 싶은 것은 포토제닉
도저히 착각이라고는 믿을 수 없는
영애의 오디션 점수는
일어 중얼거린 배칠수의 그것과 같아서
막을 내리기 직전의 피날레는 언제나
가장 화려하다더군
샴푸의 위로는 맵고 쓰다던데
초상사진 올리지 않은 건
영애급 비주얼을 향한 자칭 트리밍 때문
괜찮다
탄성에는 여러 가지 종류가 있으니
아후휴우으아엉앙악…
아 그리고 이건 쭈꾸미
생선회 옆 쭈꾸미

〈6〉 묵언수행

Amor Fati
Love Of Fate
타인이 아닌 자신의 운명을 사랑하라는 묵언의 지시사항

〈7〉 사사로운

언제 얼 만큼 크나요?
파이 한 조각 찾아 일편단심
사자, 호랑이
다 둘러보았나요?
산중의 아들 가진
모친네 너의 말
곶감 하나 주면 안 잡아먹지!
했더랬는데
그랬더랬지
암, 그랬고말고
하얀 못
상처엔 된장 바르기
1부와 2부에서도 연이어서 벌어질

〈8〉 허무증

팔려간 신부의
오랜 친척
호랑이의 이름표와
사자의 머리털
호표 무늬의 고전 한국화
두고두고 보실 기억들의 스타일리스트
무슨 과목 시험 치르느라
자격증 따신 건지 의문사
헛갈리는
헛헛한
허무증

〈9〉 심경

욕심, 투기, 악의
몰라주는 심경들
흠모의 마음
곶감의 줄줄이 사탕
주위의 헛헛함
먼 곳의 휴대폰 쿨링
지아비의 분주함
이혼의 불쾌감
마이크 한 쌍의 눈 맞춤
엇갈리는 소망들
곧 시작되는 오페라의 막장 커튼
오페라는 연극과 음악이라 합니다
참고로
참조 달린 법전은
표절의 냄새가 나는
옵션이라는 후문 속

〈10〉 종무과목강문제

에미 되고 팠던
엘리베이터 타는 예능인
능한 큐싸인
종이 다르면
종이라도 접으려 했는데
아기는 울음을 멈추지 않고
발길질 여의치 않아
뭔가 바라보는 다른 씨들

둘러보는 러브콜
밀당에의 실패
천 조각과 은박지 호일의 파산선고
믿고 의지한 다리의 튼튼함
찡얼대는 아기 업고
얼레얼레 달래보는
매일 밤 얼짱 각도의 업보 탈환 중
여기는지상파 방송

〈11〉 직업의 목적

구호물자는 없대
손바닥이나 흔들자!
마이크 든 떨리는 음성
피차 다행인 만남의 장날
오일장
구명 봉사 활동 중
빚 갚는 데 행사비 쏟아붓고
다 제자리 찾아가는
회사의 적자 장부
회복의 후회
후회의 물림
무엇을 위한 직업인지
자제하는 격정들
격렬하리만치 설레는
모 아니면 도
정반합의 짝패들
동색의 아우라

<12> 물질 만능

언니 동생
형 아우
찾아 먹기 힘든
'어느 세일즈맨의 죽음'
물질 만능 자본주의의 소모품으로의 전락
가족애로부터의 기대와 믿음
이어지는 상실감
표현된 진퇴양난
복작거리는 방 한 칸
요리조리 섞어 먹는 물 좋은 땅문서
부도의 상징 아니면 백지 수표의 학장 싸인
살인자의 지문 아니면 찬사, 칭찬
지금은 짝맞추기 훈련 중
당락을 결정하는 오직 시대의 유산

<13> 여드름의 분화구들

통영의 미스 진
낙찰가 경신
졸업작의 화려한 부활
다시 만나는 궁정의 경비
점 하나 뺀 남의 님
대대손손 이어갈
언젠가는 제발 대선의 소주잔
비판하다 보면
시정될 오점들의 망상

서류 챙기다 발견한
여드름의 분화구들
딱히 하자는 없는
저열한 한 맺힌 분출의 기록들
어떤 종류의 열망어린 횡설수설
서울 한복판 홍대 사거리
천재의 반대 인재
그도 모자란 부정 입학
아뿔사 어뎄지? 모하지? 괜찮지?

<14> 무사

기타의
옆에 서 있으면
불똥이 튀죠
오얏 끈은 매지 말고
강 건너 불구경하거나
부채질만 하지 않으면 무사

<15> 가족애

가족
형제
자매들
잘 지내
잘 살아
건강히
부양하죠
피와 물

진해야 해

<16> 학사모는 말구

척하는 거라고
여겨지지 않아
그럴듯하다는 뜻이
아니란 거지
그래도 계속 척하고파
궁전 같은 이태원 클라스
갈기갈기 갈라진 사모하는 여심이란
다 같은 인지상정
아름답다고 말하고팠던
인생을 논하게 되는
좋아요, 구독 누르려다
취소 버튼 누르는 나
다음 대를 위한 자괴감 같은
모자람
깊이 파는 선先작업
넓게 파기
학사모 말구
좀 나아져 봐

<17> 어딘가

처음부터
끝까지
알아본 어떤 문화인의 긍지
아름드리 나무였다면

실한 열매
가을에 달렸을
어떤 서울 도심의
가로수였던 인도 위
떨어진 키 체인의
놀라운 엄포
무섭기보다는 당황하신
우리 아가씨의 초췌함
만나지 말았으면 좋았을
아사코의 주름진 미소일까?
연기 아닌 어딘가
안개
해무
135미터 전방에서

〈18〉 희한한

화려한 등 뒤
전통 문양의
빛바랜 현란함에는
조심스레 스치는 유려한
어떤 실체
중구난방
무엇을 말하려 했는데
부족한 것은
평생을 알 리 없고
좋은 것을 간직해 보려는
다행
어디서 와서 어디로 가는지

점괘를 물어본다

⟨19⟩ 낭독

부드러운 나의 등에 감기는
한밤의 어떤 실루엣
느낌 같은 정보들
들어도 모르고
알아도 그닥 쓸모없겠지만
음표 사랑은
우리 모두의 궁극
동기야 뭐 그렇다 치고
떨어진 모체의 보살핌
부탁해 보는
어떤 인시의 낭독
청아한 가수의
자신 있는 답변
내가요?
글쎄요 그게
부정 같은 긍정
혹시나의 다른 버전
한 오라기 걸친 뉘앙스라는 식의

⟨20⟩ 역지사지

두 겹의 안과 밖
좋아서 보다가
좀 놀란 가슴에는
남몰래 걸려온 전화 한 통
보험 정보 알림 문자

아마도 그닥
다르거나 특이한 사항 없었던
날들
두 마음은 같기를 거부하고
다르기를 지향했던
다 같은 마음
인지상정, 피차일반
그래서 이해도 되고
위안도 되는
그곳에는 나의 그 무엇이
너에게 닿아 있을까?
독야청청한 밤
시기상으로 다 된 밤

〈21〉 나비넥타이

잘 알지도 못하는 사람에게
너무 잘 안다고 믿고 있었던
사실, 실상은
남
그것이 문제인지
다시는 질문하거나
닿지 않으리라
결심한
어느 날의 검정 나비넥타이
너는 아마도
만 명 중 하나일
그러나 대동소이
차별점을 찾아 나선

평생 동안의 미션
행운을 빌어요
원하던 그것을
그 하나를
나의 밖, 원, 그것을 찾게 되길
다시 한번 물어본다

아내의 잉크

<1> 제비의 제비

X자의 슬픈 티셔츠
착한 두루미의 실언
도미의 퍼지기
훔친 건 날고
짜고 친 건 기고
파토 친 건
강남사는 제비의
처마 끝 둥지
너 아니면 다른 너
해도 해도 너무한
안 되는 짓거리
펜의 깊은 슬픔
아내의 잉크병
종이에 떨어지는
표, 그래프

<2> 모멸

선방을 꿈꾸었던
이제는 반향의 의자
그 위의 책상은
뭐라뭐라 쓰고 있고
죽음이 아닌데
자꾸 죽음이라 하는

이유는 여름 사표
구라치는 자리 보존
노학자의 울먹이는
꼬리표 재기
여우의 밤새 울음
예뻐서 다행인 아내
왠지 어디서 많이 본
월급봉투의
표지에는 대필된 사장 백白
아내의 이름이 대신
적혀지는 모멸
작자 명은 아내

⟨3⟩ 통영의 야망은

통영의 야망은
원래 실버타운
재다 보면 치수를 알거든요
자는 막대자, 줄자, 아니면 삼각자
확실치 않은
범죄자 살인의 내사
잡혀가진 않아요
대선 후보자서서요
아니면 이미 다 된
단
영어, 국어, 비평, 기사 작성, 문서조작에

능통할 뿐
가르쳐 주신 조사, 어미 활용 이용 중
친구의 친구 좋아 보여 손 좀 탔네요
행운은 합당한 선한 자의 것일

〈4〉 친구의 아내

조강지처는 여의치 않자
차일피일 친구를 불러댔죠
친구의 친구여서
친구의 아내여서
친구의 딸이어서
나 몰라라 하는 질투의 연장전
경수야 믿는 건 너밖에 없다
생식 현지처는 밥을 잘하나요?
유전자 아내는 예쁘시구요
후처들 걱정에
짬은 나시지 않지만
혼자만 아는 갑질들
다 아는 땡깡은 몇 년 차이신가요?
불씨 단초 제시 중인

〈5〉 대조 대차

허리 사이즈와 신발 사이즈
돌아선 님의
그림자에선
세련된 돈 자욱이
배부른 하루를 위로합니다
자신의 한계는

낮은 눈높이 관계로
보지 못하는 고로
한숨은 어느 상사의 것인가요?
시름이 깊은
내리막길이 쉬운 건 오르막길 때문
길 잃은 동명이인의
허리 사이즈와
신발 사이즈의
대조 대차
다달의 정산일에는

⟨6⟩ 열매

누구인가요?
영영 못 알아볼지도
하나씩
세게 꼬다 보면 지푸라기
질기다는데
겨울나다 보면
한 이불 걸칠 줄 알았는데
열매만 따 먹는
고향 친구의 부고 문자
외모는 비슷한 끌림
능력은 엇비슷한 매력
억울한 동창의
이체 번호 될
이해의 방해
동감의 오해
망상의 종류별 섭렵

<7> 무시1

세상에는 닮지 않은 쌍들도 많고
신념을 핑계한 동류에 대한 배반
가치를 모르는 무시도 있죠
백정의 반란은 콩나물무침
심다 보면 기밀문서 빼돌리는 귀염
제일 예쁜 딸들의 복수
치르는 대가代價는 무기한 수요일
문화가 있는 날 공짜 무임 승차 중
"그렇게 할 거면 뭐하러 해?"

<8> 옳음

잠적한 아내를 좇아
날아다닌 파리 한 쌍은
도미渡美한 레시피
두 명, 아니면 세 명의
몸무게는 끝없이 기다리는
목욕탕의 바늘
어떤 역할을 하나요?
비밀의 재회는 대나무밭
그믐날 자정인가요?
나쁘진 않네요
옳진 않았어도
진짜 괜찮을까요?

<9> 오라버니

연약한 그러나 질긴

한 올의 실오라기
오라버니
남편의 부인
부인의 다시 남편
위로를 건네는
계정들의 통곡
미달의 미완성
피가 다른 형제자매
혼사, 혼숙, 혼방의 예심들
가혹한 궁전의 마차
지나가는 둘째 왕자
쓸모없는 유모의 헌혈
본처의 방송
공중파, 지상파

⟨10⟩ 무시2

나를 지시해 준
너의 손가락 끝
거울 보다가 반한
나의 모습은
나르시스의 아버지
호수의 다른 말
무능의 소치
누려 보았나요?
내가 할 수 없으면
아무도 못한다는
전설은 거만, 건방, 교만인가요?
아니면

비보의 하이인가요?
무시의 무례함
나오고 마네요
죄송합니다

〈11〉 그럴 리가요?

방송 보고 흠모하였을 뿐인
난 가수가 좋아
탤런트보다요?
특이하시네요
아니 가족보다는요
가수를 싫어하는군요?
가수를 질투하시나요?
그럴 리가요?
공중전화기를 질투해서 모하겠어요?
기고만장의 예를 보일 뿐이죠
그나저나
성실하시네요
일벌들의 무수성無數性
사라지거나 남거나
잊혀지거나 기억될
뿐인데요 뭐.

〈12〉 일대종사

지고지순
일편단심
생사고락
짝사랑

혼술
혼밥
일부종사
혹은
일대종사
헛삽질

⟨13⟩ 비정상

열정의 배움
한국인 같은
수수와 겸손
동기, 동창,
궁금한 궁극
cheers!
비정상회의

⟨14⟩ 원심이

삼삼한 원심이 기다려요?

⟨15⟩ 삼순이

삼순희 기다리니?

⟨16⟩ 매워요

외국인 듯 외국 아닌 외국 같은 너
김치는 매워요!

평설

분산과 혼선의 유보적 시학
―정혜선 시집 『님께 바친 언어의 꼬리』에 대하여

조명제 (시인, 문학평론가)

1

　시를 왜 쓰는가, 시를 어떻게 쓸 것인가 하는 문제는 진부한 물음에 속한다. 그럼에도 그것은 언제나 새로운 말로 거듭나는 시적 화두이기도 하다. 일찍이 시에 관심이 깊었던 고대 희랍의 철인 아리스토텔레스는 그의 문학예술론 『시학poetica』에서 '시는 자연(행동하는 인간)의 모방'이라고 하여 예술 모방설의 이론적 원조가 되었다. 관념적으로는 그의 스승 플라톤이 이상세계 이데아를 설계해 놓고 이데아의 모방인 자연(현실)을 다시 모방하여, 영원불변의 원형인 이데아로부터 세 단계나 떨어져 있는 가짜세계를 빚어냄으로써 사람들을 현혹하고, 그들의 영혼을 이데아로부터 더욱 더 멀리 떨어뜨리는 시인[예술가]을 이른바 이상국 건설에서 추방해야 한다고 하였다. 모방론의 사상적 선구인 플라톤의 모방 혐오 정신논리에 반대한 제자 아리스토텔레스는 '모방한다는 것은 인간의 자연적 본성이고, 모방한 것에 대하여 희열을 느끼는 것도 인간의 본성에 속한다'는 모방 긍정론을 펼쳤다. 그러니까 플라톤이 염려한 감각의 도구적 인식에서 벗어나 모방이야말로 인간의 본능적 속성이며, 쾌락과 카타르시스의 성능을 가지는 것이라는 주장을 펼쳐 오랫동안 후대의 지지를 받고 있다.

아리스토텔레스의 견해에는 어느 정도 예술의 자율성에 대한 이해가 내포되어 있기도 한데, 큰 범주에서 시와 예술이 현실의 모방이라는 논리를 부정할 수는 없다. 그리스 시대의 정신을 이은 르네상스 시기의 사실적寫實的인 그림에서부터 19세기의 근대적 리얼리즘 시기에 이르는 시대의 그림이란 인물이나 자연의 대상을 실물처럼 그리는 것이 최고의 가치이고 미덕이었다. 그 과정에서는 원근법과 명암법 같은 획기적 기법이 동원되어 더욱 리얼한 모방의 미학적 세계를 뽐낼 수 있었다. 아리스토텔레스의 모방론이 뜻하는 바가 복사냐 재현이냐 하는 것은 별 의미가 없었다. 리얼리즘의 미학을 금과옥조로 삼고 있던 예술은 20세기를 바라보던 19세기 중엽에 들어 파기되기 시작한다. 모네에서 세잔느, 반 고흐, 샤갈, 피카소, 살바돌 달리, 잭슨 플록에 이르는 동안 과거의 리얼리즘 회화는 웃기는 예술이거나, 고전적 지위 대접의 한물간 미학이 되었다. 이들 현대의 도발적 상상력의 화가들은 대상을 해체하거나 엉뚱하게 조립하였으며, 고흐의 경우만 하더라도 붓 자국이 선명하게 드러나게 덕저덕지 덧칠하는, 이른바 임파스토impasto 기법으로 리얼리즘의 깔끔미학을 일거에 무너뜨렸다. 대개의 혁명적 예술가들이 그러했듯 생전에 고흐는 인정받지 못하여 가난에 찌든 삶을 살았다. 그의 사후 20여 년이나 흐른 뒤에야 평가받기 시작하여 뒤늦게 폭발적 인기를 누리고 있다. 현실의 해체, 재구성(입체), 추상, 비구상, 초현실과 그로테스크 등의 상상력은 예술의 리얼한 자연 모방을 당당히 거부한, 인식의 혁명을 보여준 것이다.

현실의 모방, 현실적 정서의 얌전한 표현은 그 오랫동

안의 전통에 일격을 가해 온 반反리얼리즘 미학의 끌레, 뭉크, 클림트, 에곤 실레, 뒤샹, 프리다 칼로, 뱅크시 같은 화가들에 의해서 다각도로 계속 도전받았다. 있는 그대로의 현실 모방, 순응적 묘사, 이성적 논리적 선조적線條的 문법의 회화와 시 문학은 견딜 수 없는 가벼움의 대상이 된 이래, 시의 영역에서는 여전히 리얼리즘이냐 모더니즘이냐, 서정적 선조적 모방론이냐, 해체적 환상적 형식론이냐로 가름되어 있다.

대중성에 영합할 때 예술의 질이 떨어진다는 점은 경험에 비추어 잘 알게 된 사실이다. 어느 TV대담에서 주목받는 젊은 여성 화가는 관람객(소비자)이 선호하며 칭찬하는 경향의 작품을 한동안 즐겨 그리다가, 어느 날 문득 전혀 새로움을 추구할 수 없게 된 자신을 발견하고 이건 아니지 않느냐 하는, 심각한 자기반성을 하게 되었다는 말을 하였다. 반성 없고 혁명적 인식의 변화가 정지된 상태에서 예술의 진보를 기대할 수는 없다.

　　폐부를 가르는 선연한 뭉근한
　　검붉은 핏덩이의 쩍 갈라진 상처의 예수
　　매달리다 지친 세계의 망치와 도끼의 구멍
　　못이 관통한 울지도 못하는 몸뚱아리
　　잘릴 절단될 사지들의 뒹구는 뒤엉킴
　　묵사발 같은 형체 없음의 광시
　　보이지도 잡히지도 버둥거리지도 않을 처절한 약속들
　　거역과 역류의 침 덩어리와 핏덩어리
　　곪아터질 종기의 메스질
　　반짝이는 무대복의 오기는 희곡쓰기
　　이야기가 부활하는 못 자욱의 쿵쿵 눌러박음 확인사살

폐부는 충분히 울었고 상처는 두루뭉술 아물 것이며
빛의 속도는 지구를 지나쳐 예수와 같은 또 다른 너를 잉태할 것이다
누가 알리 절연토록 발광한 오직 야광으로 빛났던
갈라진 상처 사이로 한 줄기의 이야기가 희망으로 재생할지
자생이라고 하지 살아남는 것이 상처에 대한 유일한 복수임을 읊조린다
-「폐부 상처 예수」 전문

신진 정혜선 시인이 첫 시집 『님께 바친 언어의 꼬리』를 낸다. 예술 사진에 독특한 개성을 드러내고 있는 정혜선 시인은 시지 『월간시인』 신인 응모작의 심사 과정에서도 논란의 중심에 놓였었다. 그의 시는 자유분방하고 화려하며, 때로 혼란스럽기까지 하다는 평이 따르기도 했다. 그는 이미 다량의 작품을 통해서 자신의 시적 창작과 방법적 화법을 가지고 있었던 것이다. 그의 시 문법은 일상의 선조적線條的 경향의 시와는 동떨어진 수평적, 이미지 분산의 원리에 접근해 있다.

그는 언어의 확정적 의미를 인정하지 않는다. 언어는 본질적으로 모호하다. 언어는 언어로 다른 언어를 설명해야 하는 자기모순 때문에 한층 확증적이지 못하다. 정 시인은 언어의 그 같은 성질과 한계를 날카롭게 간파하고 있는 것으로 보인다. 모든 사물이 언어로 설명되고, 언어적 인식으로 이해되는 것인 만큼, 모든 현상 모든 사물 또한 우리에게 명확한 실체를 드러내지 못한다. 정 시인의 시는 이 같은 두 가지 사실의 인식적 토대 위에서 형성되어 있다.

우선 시 「폐부 예수 상처」의 화법에는 비교적 최근에 씌어진 작품들의 특이성이 현저하다. 그것의 일단은 문장 수

식어구의 중첩성이다.

- 폐부를 가르는 선연한 뭉근한/ 검붉은 핏덩이의 쩍 갈라진 상처의 예수
- 잘릴 절단될 사지들의 뒹구는 뒤엉킴

   십자가에 못 박히고 옆구리에 창 찔려 처절히 죽어 간 예수 그리스도의 서사적 이미지는 시인의 독창적 화법으로 분산되어 사뭇 혼성적混成的이다. 아울러 예시例詩에서 뽑아 본 문장들은 관형어로서의 수식이 4중, 혹은 5중의 중첩적 형식을 드러낸다. 이 같은 다중첩적 수식 형태의 문장은 「옹졸한 너그러움 가식의 친절 허영의 부호」에서도 뚜렷이 나타나 있다.

   옹졸한 너그러움을 알고 있다
   그 가식의 친절의 뒤꿈치를
   말로 행동으로 그 옷자락으로
   치닫는 허영의 부호들
   기억되는 각인의 혈토
   미련을 압착하는 굼뜬 삭은 내
   진심을 뒤집는 본심의 치렁한 안감
   스스로 작은 불을 키며 행렬을 진군하는
   진정된 고양이와 족제비 청솔모의 숲에서만이 드러나는

   정혜선 시인의 시 도처에서 발견되는 이 같은 유형의 표현을 좀더 인용해 보이면 이렇다.

   미쳐 날뛰는

굵게 말린
웨이브진 머릿결
갈색의 치장한
굽실대는 머리카락
-「나의 일을 헤쳐나간다는 것에 관하여」에서

뚝뚝 흘리는 초복의 기우란
길고 질긴 억척스러운 큰언니의 행주치마의 자태가 난다.
-「아직은 장마의 와중일 뿐일지라도」에서

생각하는
바라는
보고 있는
고치를 잉태하는
누에의 눈물
-「수신인」에서

애잔한 숨소리와
파랗거나 바스라지는
계절 속에 드러난
조심스런 나뭇잎의
작디작은 떨림
-「아삭이는 풀잎의 푸른빛」에서

노랗거나 붉은
덧대놓은 어머니의 밤샘 깃
어떤 날의 눈물 자욱 같은
수놓인 모양의 빙그레한

오뚜기의 미소
-「홑겹」에서

남는 것은 흥건한 쏟아지는 바다의 눈물들
-「내가 너였다면」에서

긴 나무의 앙상한 몸통과 몇 가지 부서질 듯 흔들거리는 바삭거리는 한두 개의 잎새만을 남길 뿐이다. 그나마 색을 발하던 늦가을의 라일락 빛 연갈색을 띤 애처로이 남은 풀잎 색 빛의 나풀대던 연둣빛들이 사라졌다.
-「나는 순록의 뿔이기에」에서

  다중첩적 수식과 그런 수식 어구의 연속은 피수식의 대상을 보다 경제적으로, 그리고 보다 입체적으로 정밀하게 묘사하기 위한 방법이라는 논리를 생각해 볼 수 있다. 하지만, 실제에 있어서는 수식이 매우 복합적이고 중첩적이어서 독서상의 혼란을 야기하고, 독해의 지연을 유발한다. 그러한 특성은 저자의 의도와는 상관없는 일일 수도 있다. 언어의 모호성, 사물의 불확실성을 인지하고 있는 정 시인은 어떤 대상을 정밀하게 표현하는 것을 오히려 거부하는 편이다. 인간으로서 정확한 실체를 인식하지도 못하는 대상을 정확 정밀하게 표현하려는 태도 자체가 옳지 못한 것이라는 정 시인은, 동시다발의 다중첩적 묘사로 대상의 실체를 흐려 놓음으로써 실체에 대한 의문과 그 진실을 숙고하게 만드는 것인지도 모른다.
  이와 같은 수식과 수식어구의 중첩 및 반복은 때로 의미의 균형을 잃거나 의미망의 문맥적 혼선을 가져 오기도 한다.

뽀얗게 쌓인 서릿발의
냉정함을 손댈 수조차 없었던
하늘을 치닫는
독수리의 노란 부리에 쪼이는
먼 들판의 풀잎이 드러누워
통곡의 곡조를 세상에 질펀히 퍼트릴 때
―「생존자의 고뇌」 부분

결코 쉽지도 간단치도 가볍지도 않을
소중하고 값지고 힘겨운 시대의 소산들
평화들이 거리를 나직이 걸어다닌다
―「눈썹 위의 평화」 부분

이들 대목은 문맥상의 혼선이 지나치거나 중첩적 반복에 의해 피수식의 대상들이 불필요하게 모호해진 경향을 보인다. 새로운 표현 문법으로서 이미지의 분산과 혼란, 독해상의 지연을 유발하는 시적 전략에 있어서도 일반 문법의 정밀성은 기본적 가치로 존중될 필요가 있다.

2

정혜선의 시에서 어렵잖게 만나게 되는, 번쩍이는 문장과 광폭廣幅한 상상력과 종횡무진한 언술력은 읽는 이의 정신을 압도한다. 그의 상상력은 폭넓고도 기발하며, 방법적 전략의 에너지로 작용한다.

태양의 뒷면에는 복숭아가 자란다

홍조를 띤 과즙이 터지던 날
토끼의 전갈은 일식 아니면 월식
눈물 아니면 웃음
비통이 아니면 태양의 타오르는 눈
반반인 빛과 어두움
반반의 룰렛은 계속 돌았다

태양이 지구를 지구가 달의 주변을
반으로 접히는 앉은뱅이의 나무통
솔향 가득한 바다의 옆구리
열어 재낀 뚜껑 속
그득한 꼼지락거리는
굼벵이 떼의 웃음소리
손을 뻗을라치면
타들어가 녹아 없어지는
그득한 촛농의 미지근한 인생
북두칠성의 빛나거나 잿빛일 검은 바다
모나 도의 오후
태양의 뒷면이 춤을 추는
장대비 속 오전의 브런치
세상의 편린
암흑의 앞면
태양의 뒷면
-「태양의 뒷면」 전반부

정혜선 시인의 발상적 기질과 문장 구사, 그리고 문체의 활성적活性的 특성 등을 이 부분만으로도 대강 짐작할 수 있을 것이다. 우선 "태양의 뒷면에는 복숭아가 자란다"라는 첫 문장부터 도발적이고 하이퍼적이다. '태양의 뒷면' 혹은 '달의 뒷면'은 흔히 쓸 수 있다고 하더라도 그 뒷면이 사실상 어떨지는 알지 못한다. 과학적으로는 잘 알려진 사실이 있고, 천문과학의 지식과 유추를 통해 그 대충을 알고 있는 일이다. 그런데도 우리는 '태양의 뒷면' 혹은 '달의 뒷면' 하면 그 뒷면에는 우리가 볼 수 없고, 알 수 없는 그 무엇이 있을 것이라는 환상에 사로잡힌다. 그러니까 신화적 시적 층위의 분위기에 집중하게 되는 것이다. 그 같은 정서적 특성을 시인은 자신의 개성적 창의성으로 정언定言처럼 표현한 것이다. 그의 시적 상상력의 정언에 의해 '태양의 뒷면에는 복숭아가 자라는 것'이 된다.

그런 신화적 상상력은 일찍이 달을 대상으로 하여 여러 이야기를 낳았다. 달에 계수나무와 토끼가 존재한다는 설화는 중국을 비롯하여 동남아 일대에 널리 퍼져 있는 이야기다. 한국에서는 달 속의 토끼가 계수나무 밑에서 떡방아를 찧는다는 옥토끼 설화가 있으며, 이를 기반으로 한 동요 「반달」이 유명하다. '태양의 뒷면'은 짐짓 '달의 뒷면(상상 속)'을 연상케 하여 "토끼의 전갈은 일식 아니면 월식"으로 전개된다. 일식과 월식은 태양과 달과 지구의 세 천체가 일직선상에서 만날 때 생기는 현상이다. 달나라의 신화적 설화적 상상력의 토끼가 전언하는 '일식 아니면 월식'은 이항 대립 구도의 단초를 제공한다. 그것은 '눈물/웃음', '비통/태양', '빛/어두움', '암혹의 앞면/태양의 뒷면' 등의 이항 대립 구도의 구조적 근간을 보여준다.

이항 대립의 사상적 구도는 일찍이 『주역周易』의 태극사상太極思想에서 보아왔다. 태극은 무작정의 하나가 아니라 음陰과 양陽의 대립과 조화로 되어 있다는 것이다. 무작정의 한 덩이는 생산성이 있을 수 없다. 생산성은 음양의 대립과 조화의 균형 속에서 가능해진다. 태양太陽의 이미지와 태극은 무관하지 않다. 태양太陽과 태음太陰[달]이라는 명칭이 생겨나고, 태극太極이 음양陰陽으로 이루어져 있다는 사상은 자연스럽게 받아들여진다. 시인의 표현에 따르면 "반반인 빛과 어두움[양:음]/ 반반[양:음]의 룰렛은 계속" 돌아간다. "태양이 지구를 지구가 달의 주변을" 돈다. 이 표현은 다만 달이 지구 주변을 돌고 지구가 태양의 주위를 돈다는 사실을 역逆으로 말한 것뿐이다. 지구와 달의 중심에서 보면 그렇게 보인다. 천동설 시대의 무지가 우리의 일상적 감각에서는 여전히 해와 달이 동東에서 떠서 중천을 지나 서녘으로 진다. 중요한 사실은 해와 달과 지구가 '돌고 있다'는 현상이다. 끊임없는 움직임과 변화를 말하는 것이다. 『역경易經(주역周易)』의 '역易'은 끈임없는 '변화'를 말한다. 『역경易經』의 이 생성 변화의 개념은 태양의 음양 대립과 상생 구조의 핵심사상이다.

음양의 대립 구조 속에서 "빳빳한 운명의 구름이 돌고", 돌아가는 것이 역할인 둥근 수레바퀴가 운 좋게 대롱대롱 걸려 있고, 우주는 끝도 없이 돌아가는 궤적을 보이며 변화의 질서를 보여준다. 그 엄연한 우주의 운행 가운데 "태양의 뒷면에 살고 있는/ 녹아버리는 천사의 날개"와 "타서 사라질 이카로스의 꿈"이 신화적 상상력의 한 극점을 시사한다. 성서적 신화와 그리스적 신화 이 양극의 상상적 세계가 모두 좌절과 패착의 상징처럼 표현되어 있는 것이다. 그리스 신화에서 뛰어난 건축가이자 발명가인 다이달로스는 함께 미궁에 갇힌 아들을 백납 날개를 만들어 탈출시키며 너무 높게는 날지 말 것을 경고하였지만, 아들 이카로스는 비상飛翔의 신바람에 취해 드높이 날아올라 결국 태양열에 녹아 바다에 추락하고 만다. 미지의 세계를 향한 인간의 동경을 빗댄 이야기라는 해석도 있지만, '만족을 모르는 욕망'을 드러낸 그리스적 상상의 신화로 보는 게 일반적이다.

그런가 하면, 성서적 상상력의 천사는 창조주가 자신을 섬기고 인간을 보호하도록 만든 영적인 존재인데, 위의 시 텍스트에서는 "태양의 뒷면에 살고 있는/ 녹아버리는 천사의 날개"로 표현된 아이러니를 보여준다. 인간의 모양에 날개를 단 천사는 기독교적 욕망의 상징체인지도 모른다. 헛된 욕망이 자초한 과장誇張과 비현실성이 오랫동안 세상을 현혹해 온 것이 아니었던가. 욕망은 꿈과 직결돼 있기도 하다. 꿈과 욕망이 나쁘게 결속될 때 이카로스의 추락이 오고, 날개 잃은 천사의 타락이 온다. 꿈과 욕망의 문제는 정혜선 시인의 중요한 시적 화두로 읽힌다.

태양의 앞면과 뒷면은 별반 다르지 않다. "어둡거나 밝을 뿐인" 것이 태양의 뒷면과 앞면이며, 지구의 공전에 의해 태양의 앞면이 뒷면이 되고, 뒷면이 앞면이 되곤 한다. 시인이 말하는 바 태양의 앞면과 뒷면은 물리적 현상만을 말하는 것이 아니다. "태양의 뒷면/ 단순한 망치/ 내일의 앞면/ 태양의 뒷면"이 그 같은 사실을 명쾌하게 일러 준다.

등껍질의 갈기 갈라진 틈에서는
누런 고린내가 나
세월의 풍파란
그런 종양 같은 비린내를 풍기지
혼자인 듯, 나인 듯
자식의 저고리 지으며
늙어가는 노파의 은비녀 끝엔
파란 나비 한 마리 날아 앉아
푸른 등을 바스락 비벼댔지

> 휘이 십 리 밖 날아간
> 젊은 서방의 등과 맞대어 놓으면
> 한 쌍의 시퍼런 날개가 된다 했지만
> 곪아 터진 등짝에는
> 주르르 비 눈물만 흘러댔지
> 방구석엔 호롯한 촛불만 덩그러니
> 자식의 콧소리를 그림자로 벗하며
> 일평생은 정오의 짧은 그림자 끝자락 마냥
> 스쳐 지났지
> ─「등에서 솟은 은빛 아이」 부분

정혜선식 상상력과 방법적 표현의 한 특성이 「등에서 솟은 은빛 아이」에서도 잘 나타나 있다. 비수(匕首)로 내면을 찔러 상황적 현실을 침통하게 드러내고는 있지만, 그 고통스러운 삶의 해부는 은유적 화법으로 아름답게 덮어 가며 조절한다. 바느질과 가위질로 혼자 자식을 키우며 늙어 가는 한 여인의 곪아 터진 일평생이 담담한 듯 역동적으로 그려진다. "늙어가는 노파의 은비녀 끝엔/ 파란 나비 한 마리 날아 앉아/ 푸른 등을 바스락 비벼댔지/ 휘이 십 리 밖 날아간/ 젊은 서방의 등과 맞대어 놓으면/ 한 쌍의 시퍼런 날개가 된다 했지만/ 곪아 터진 등짝에는/ 주르르 비 눈물만 흘러댔지"에서 감지되는 상상력의 아름다움과, 젊어서 집 나가 버린 서방, 그가 남겨 놓은 시퍼런 한(恨)과 눈물의 형상적 정조(情調)는 정 시인의 개성적 시법을 잘 말해 준다.

> 앞의 것에 대한
> 전년에 대한 조소는
> 조각과 소조의 합성어이죠

덧대거나 깎는 행위를 말하죠
능통하신 걸 하세요
그렇다면 회화를?
후회를!
글이나 쓰세요.
분명 글자 모양인데
무슨 말인지 모르겠는 문장은
혹시 암호가 아닐까요?
억만 년 떨어진
별로부터의 메시지 같은?
일단 오늘은 풀고 내일은 쉬세요.
모레는 그냥 모르겠네요.
날씨는 언제나 반반이에요
-「기상예보 : 암호」전문

웃음, 기쁨 주고
사랑 환호 받는 것은 나쁘지 않은 딜
그니까 요지는
결코 댁들을 함할 생각은 없다는 거예요.
결혼식 전날 그 함 말하는 건 아닌 건 아시죠?
아니, 그 '아시나요' 가사 생각하는 건 아니죠?
가사 도우미라구요?
'라구요'의 가수가 누구였더라?
엿먹고 간호사 시험 준비한다구요?
유체이탈만 하지 않으면 되요.
얼굴, 입, 말, 신체
한 사람이라는 신뢰
합격증의 고유번호 이니까요.

마음과 정신
사랑, 관계들
물론 하나시죠?
─「삐에로의 인형 : 하나 카드」 전문

　기발하고 거침없는 상상력의 시적 표현은 정혜선 문예미학의 중요한 특질을 이루며, 세계에 대한 인식적 스펙트럼이 대단히 폭넓은 상태에 있음을 드러낸다. 정혜선 시인의 이번 첫 시집은 작품 제작 역순으로 편집된 것이라고 하는데, 그렇다면 비교적 초기에 씌어진 작품 「기상예보」와 「삐에로의 인형」 등의 하부 작품들에서 시인의 시적 재능과 놀라운 순발력을 확인할 수 있게 되는 셈이다. 다양한 관심과 다채로운 발상의 시적 전개가 정 시인의 가늠하기 힘든 상상력을 입증해 주고 있지만, 그 가운데 「암호」와 「하나 카드」를 골라 그 책략적 언어 기율을 살펴보기로 한다.
　이들 두 작품은 우선 시인의 상상력이나 시적 발상의 특질이 언어에 대한 감각과 그 유희적 사유에 힘입고 있음을 보여준다. 「암호」의 경우, '조소'와 '조각'과 '소조'의 관계, 동음이의어同音異義語, 혹은 유사 어휘의 유희적 연상이 발휘된 작품이다. 조소는 한자어의 '彫塑조소'와 '嘲笑조소'의 동음이의를 동시에 환기한다. 그러면서 그 다음 행의 "조각과 조소의 합성어이죠"에 이르면, '조소彫塑'의 의미로 결속됨을 확인해 준다. 소조塑造와 조각彫刻의 특징적 의미를 간략하게 해명한 뒤에도 언어 연상적 방법을 이어간다. 이를테면, 조각과 소조 가운데 능통한 쪽을 선택하라고 하며, '회화繪畵'를 들먹인다. '회화'라는 말을 떠올린 순간 '후회'라는 말로 건너뛴다. 그도 저도 능통한 것이 아니라면 "글이나 쓰세요"라고 직격한다. 글쓰기를 언급했으니 다음은 "분명 글자 모양인데/ 혹시 암호가 아닐까요?"로 전개해 나간다. 시의 제목인 '암호'가 그런 해석적 연상적 작용에서 비로소 드러난다. 암호는 언어에 의해 작성되는 것으로, 언어적 현상의 중요한 특성을 이룬다. 그 암호는 "억만 년 떨어진/ 별로부터의 메시지 같은" 것일까. 암호는 약속한 자들에게만 통하는 비밀이며 묵시이다. 시인은, 그냥은 암호도 비밀도 알 수 없는 일이고, 다만 "날씨는 언제나 반반"이라는 언술로 세상은 언제나 불확정적이며 판단정지의 유보적 질문으로 가득 차 있음을 암시한다.

「하나 카드」는 특히 말꼬리와 트집잡기 형식이 언어 유희적 연상 방법의 특기를 경쾌하게 드러낸 작품이다. "결코 댁들을 함할 생각은 없다는 거예요"라는 시행의 '함'으로 언어의 연상적 분열을 촉발시킨다. '함'이라는 단어는 영어의 'harm'(해치다, 해를 끼치다)과 아울러, 한자漢字로 따지면 전혀 다른 두 가지의 뜻으로 대별된다. harm과 상통하는 '허물, 함정, 함정에 빠지다, 해롭게 하다'라는 뜻을 지닌 '陷'자와 '함(함그릇)'을 나타내는 '函'자가 그것이다. 시인은, '함'의 이 두 가지 서로 다른 뜻을 활용하면서 시상詩想의 가지치기와 접핑을 추동, 수행한다. 바로 앞 문장에 대해 "결혼식 전날 그 함을 말하는 건 아닌 거 아시죠?"라고 토를 달면서 '아시죠'가 환기하는 노래 '아시나요'의 가사로 건너뛴다.

「아시나요」는 가수 조성모가 부른 "아시나요, 얼마나 사랑했는지/ 그댈 보면 자꾸 눈물이 나서…"라는 가사의 노래다. "아니, 그 '아시나요' 가사, 생각하는 건 아니죠?"에서는 다시 '가사'에로 튀어 "가사 도우미라구요?"라는 시행으로 받아친다. 그리고는 또다시 그 행의 어미 '라구요'로 포커스를 날려 "'라구요'의 가수가 누구였더라?"라는 시행을 도출한다. 「라구요」는 실향민을 부모로 둔 자식의 노래로 가수 강산에가 불렀었다.

연쇄적 연상은 여기서 끝나지 않는다. "'라구요'의 가수가 누구였더라/"에서 '였'과 음이 같은 말 '엿'을 떠올려 "엿 먹고 간호사 시험 준비한다구요?"라는 시행을 얻는다. 〈harm·함陷→ 함函→ 아시죠?→ '아시나요' 가사→ 가사 도우미→ 라구요?→ '라구요'의 가수→~였더라?→엿 먹고〉로 전개되는 시상의 연쇄적 연상은, 서정주의 시 「영산홍映山紅」이 그렇듯 언어 놀이적 정신에 기반한 시 창작의 한 방법이다. 「영산홍」의 경우는 주로 명사名詞로 말꼬리 이어가기와 상황적 비약을 곁들인 형식의 작품이지만, 정혜선의 경우 명사와 용언을, 혹은 서술격 조사 '이다' 활용형(이라구요)이나 활용형의 어간(였더라의 '였')을 두루 연상의 자료로 삼은 까닭에 그 기미를 포착하기가 쉽지 않다. 이 극단적 연상 방법의 실현은 정 시인이 진작 언어에 대한 관심과 명상, 분석적 유희적 사유를 깊이 천착해 왔음을 증거하는 것이다. 무릇 시는 언어의 유희적 속성으로부터 유도되는 면이 강하다.

3

나의 보편에는 네가 없다
나의 사관 안에서
너는 사망하였고
부재, 편재 날인, 지지의 소굴 속에서
너는 훔치고 거르고 울고 있는 것이다
부여, 수여, 일임하는 낙낙한 동정만이
너의 주위를 기웃거린다

울다 지친 여심의 변명을
갈기갈기 엮어서
너의 바지벨트에 주렁주렁 매달아
마치 전리품처럼 치렁거려본다
혹시나 해풍이 역류하여
이순신 장군의 검을 뽑아들고
파란 지붕을 한 다발 다시 몰고 올 것을
몰라서일까

그래서
나의 보편에는 네가 없을 것을
역사가 결단하여
증명 문제를 풀 때 처럼
알싸히 취해라도 보면
그 모범답안을 네가
설기설기 읽을 수 있지 않을까 해서였는데
-「나의 보편에는 네가 없다」 부분

    정혜선 시의 구도 중에서 '나와 너', '너와 나'의 대립 형식이 주조를 이루고 있다. 우리는 앞에서 정 시인의 이항대립의 철학적 구조를 살펴본 바 있는데, 시적 대화의 방식이 '나와 너'의 대립 구도적 프레임으로 되어 있다는 것은 세계 이해에 대한 자신의 확고한 신념을 말해 준다. 시 텍스트에서 '나와 너'의 '너'에 대한 구체성은 없거나 확실치 않다. '너'는 2인칭의 인칭대명사이지만, 구체적 실체는 없다. 그것은 '나'와 대립 구도의 대상이며, 3인칭화된 대상이기도 하다. '너'는 작품에 따라서 다양한 스펙트럼을 가지고 있어서 확정된 의미로 이해하기를 거부한다.

「나의 보편에는 네가 없다」의 네가 나의 보편에는 없는 것이 "나의 사관 안에서/ 너는 사망하였기" 때문이라는 극단에 이른다. 이것은 물론 '나의 사관 안에서'의 일이므로 역사의식이나 상식적 보편을 전제로 한 것이다. 그런데, 혼잡한 소굴 속에서 "훔치고 거르고 울고 있는 너"는 여성으로 그려진다(*정혜선 시에서 '너'의 지배적 대상이 여성임은 사실이다. 시「주제는 제일 모르고 분수는 당연히 모르고」 등). 일을 저지르고 울고 있는, 동정만이 기웃거리는 너에 대한 화자의 비판은 통렬하다. 예컨대 "울다 지친 여심의 변명을/ 갈기갈기 엮어서/ 너의 바지벨트에 주렁주렁 매달아/ 마치 전리품처럼 치렁거려 본다"라는 시니컬한 압도적 풍자가 그러하다. 역사적 현실에서 볼 때, 보편적 역사의식에 대한 기대를 할 수 없는 지경이라는 것이다.

곧 "나의 보편에/ 네 한 줄기 남은 기대치를/ 누더기를 걸치듯 살짝 얹어" 보면서도, "벼룩의 눈곱만큼이라 해도/ 너의 보편을 기대하여 보는 것"이라는 절망적 상황을 토로한다. 사실 보편이란 '너'와 '나'의 공통적 공감적 인식의 바탕 위에서 성립되는 것이다. 너의 보편이 "광활한 한반도의 대지 위에/ 한 점 위대함을 찍을" 나의 보편-역사의식상의 보편에 결코 닿지 못하는 "지금 죽어도 좋을/ 벼룩의 눈곱만큼"이라면, 사실상 기대할 수 없다는 말에 다름 아니다.

나는 언제고 말수가 적고
너의 치기는 그런 나를 관통하니
묻고 따지지도 않는 정해진 답을 향해
지식과 지혜는 그 여정을 접속하나
인지와 감각에는 또한 마비가 엄연히 존재한다
그냥 답을 향하는 나의 묵시들은

결단코 너를 노래하며 지시하고 수정하며 고쳐준다
말줄임표가 순산하는 너희 뒤통수에는
객기어린 빗방울이 늘 고여 있을지라도
-「그렇다, 나는 너를 묵시한다」 부분

    나의 보편에 네가 없는 상황에서 그러나 화자는 극단의 대립각으로 파국을 초래해서는 안 된다는 사실을 안다. 너의 치기는, 언제나 말수가 적은 나를 관통하지만, "답을 향하는 나의 묵시들은/ 결단코 너를 노래하며 지시하고 수정하며 고쳐 준다". 이 때의 답이란 삶의 진실이고, 인식의 보편성일 터이다. 그런 답은 끊임없는 질문들에서 필연코 찾아지는 보편적 진실이다. 역사는 비록 오류와 광기로 점철되지만, "흐르는 물과 대기가 있어/ 지구가 진리를 중심으로/ 기울이고 돌게끔"하듯, "내내 나는 너를 묵시할 것이고/ 너는 나를 지구가 자전하듯이 배회할 것이며", 그래서 "나아가는 것이고/ 시간은 흐르는 것이며 역사는 진보하는 것이다". 역사가 진보하는 것인지 변천하는 것인지는 논란의 여지가 없지 않지만, 화자가 말하는 바 주목되는 사실은 "너는 필연코 자전과 공전의 일부이며/ 나는 그런 너를 묵시한다"라는 상황적 진실에 있다. 이항대립의 '나와 너'의 절망적 구도에서, 양극의 극단을 딛고 '비록 하나가 아닐지라도' '수렴되는 지점에서 다시 만나는 약속'의 우리로 결속됨을 본다.
    이항대립은 소쉬르의 구조주의적 이론에서 유래된, 구조주의(기호학)의 근본 개념이다. 이항대립은 두 개의 모순되는 배타적 용어의 대립구조를 말하지만, 양극 사이에는 상호 끌림이 작용하듯, 이항대립도 중간지대를 인정하는 보완적이고 상보적인 관계에 있는 것이다. 이 점은 태극의

'음양 대립과 상생 원리'라는 정신 논리와 별반 다르지 않다. 시인이 「그렇다, 나는 너를 묵시한다」의 말미에서 "그것의 축이 나일지라도 혹은 내가 아닐지라도/ 너는 필연코 자전과 공전의 일부이며/ 나는 그런 너를 묵시한다"라고 표방한 것은 절묘한 결말의 완성이다.

'나와 너'로 표상되는 대립구도의 허다한 작품들은 너와 나의 상극과 상생의 스펙트럼 안에서 서로 다른 파장波長으로 존재한다. 그 같은 구도의 풍경 속에서 절망과 비통을 배경으로 한 울음[눈물]과 웃음의 대립적 양상을 보게 된다.

- 그곳의 알박힌 한은 울고 있다
- 갈색빛 누런 눈물자욱 위에서/ 비통과 함께 깔깔거리고
- 뭐가 좋아 울겠냐마는/ 때때로 내려앉는 피눈물이
- 지금 우는 게/ 내일 우는 것보다 낫다고 다그쳤다
- 온통 덮인 백색의/ 그런 날에는 웃어버린다

이 시행들은 시 텍스트 「온통 하얀 웃음」에 표현된 대목들이다. 울음(눈물)과 웃음의 대조적 국면으로 가득 하고, 심지어 "비통과 함께 깔깔거리고" 같은 표현이 발견된다. 「회색 송가」에서는 '눈물자욱', '웃음', '울지 마', 그리고 "웃음과 연회의 단촐한 숟가락은/ 질질 눈물 흩뿌린다"처럼 웃음과 울음(눈물)의 대조적 상황이 보인다. 뿐만 아니라 "물속에서는 울어도 운 것이 아니요/ 햇살 속에서는 웃어도 웃는 것이 아닐 뿐"(「생존자의 고뇌」), "승리에 웃으며 다음 동기를 부여받거나/ 패배에 울다가도 다시금 도약하며"(「해가 지는 순간에 방 안의 온기를 깨닫게 되거나」) 같은 웃음과 울음의 대조적 사례가 여럿 있다. 웃음과 울음

의 대조적 대립 국면이 아니고 '울음'이나 '눈물'이 빈번하게 드러난 작품도 적지 않다.

    웃음과 울음의 대립 구도와 대조적 양상은 자연히 인생 문제로 나아간다. 고대 희랍시대의 서사적 체계에서 이미 인생은 비극과 희극의 양극으로 주장되었고, 중세 말기 셰익스피어의 비극은 희극보다 훨씬 더 사랑받으며 애독되어 오고 있다. 인생을 한 마디로 요약하여 나타낸다고 할 때, 일찍이 나는 '한 방울의 눈물'이라고 파악하여 "그대 등 뒤에 묻어 있는 눈물/ 바람에 반짝이는/ 눈물의 뼈도 보인다"(「과녁」, 월간『시문학』2025년 11월호/ 시집『고비에서 타클라마칸 사막까지』, 1988)라고 표현한 바 있다. 말년의 이어령 선생은 "나에게 남아 있는 마지막 말은 무엇인가? '디지로그' '생명자본'에 이은 그것은 '눈물 한 방울'이었다."라는 말을 남겼다. 2019년부터 타계 직전인 2022년 1월까지 쓴 육필 단상을 묶은 책의 서명書名이『눈물 한 방울』(김영사, 2022)이다. 평생을 지성에 관해 설파해 왔지만, 암 투병 중 '삶을 반추하고 죽음을 독대하며 써 내려간' 글의 화두가 '눈물 한 방울'이었다는 것은 의미심장하다.

    이항대립의 구조에서 사물의 확정적 판단을 주저하며 판단정지의 유보적 인식 태도를 보이고 있는 정혜선 시인은 '이런 저런 인생도 있다며' 인생을 "비통과 함께 깔깔거리는"(「온통 하얀 웃음」), '찌든 눈물자욱과 웃음'의 "비극과 희극의 중립"(「가을이 지나가는 꿈을 꾼다」)으로 해석한다. "인생사 뭐 있어/ 혹시나로 시작하여 끝난 난장판의 비사일 뿐"(「옷고름의 자줏빛 얼룩」) "허울이 반 허영이 반인 듯"(「모르는 행운」)한 인생은 웃음만도 아니고 울음만도 아닌 것, 시인은 '비통과 함께 깔깔거리는' 비극과 희극의 중립'이라는 인생관을 드러낸 것이다.

4

    태양의 뒷면과 달의 서정을 통해 신화적 설화적 상상력의 단초를 제공했던 시인은 역사적 이야기나 설화적 스토리에 대한 비판적 태도를 뚜렷이 드러낸다. 역사적 이야기는 주로 왕과 왕비, 왕자와 공주, 황제와 황후 등의 문제로 집중된다. 시공을 넘나들며 대체로 그들의 비현실적 비인간적 면모에 대해 날카로운 풍자와 통렬한 비판을 가한다. 설화나 소설, 혹은 동화 속의 왕과 왕비, 공주와 왕자에 대해서도 마찬가지다.

    킹 찰스 찰스더써드
    부인이 세 명이라 더써드인가요
    아니면 자신이 세 번째 남편이란 건가요
    아 세 번째의 찰스라구요
    이웃집 찰스도 부지기수인데요
    세계에서 세 번째 서열이란 걸까요
    편한 대로 생각해요 나랑 상관없잖아요
    세상에서 세 번째건
    세 번째 남편이건
    세 번째 부인이건 간에요
    그나저나
    이젠 퀸 카멜라?
    것도 별로네요
    별로 존경이 안 간달까
    근데 흰 가운은 아니 흰 망토인가요
    그건 좀 좋아 보이네요 보랏빛 왕관도요
    어쨌거나 저쨌거나

> 경하 드리옵고 경배 드려야 되는데
> 허리가 좀 안 좋아서 굽혀지질 않네요
> ―「코로네이션은 투비컨티뉴겠죠」 부분

영국 윈저왕조 제5대 국왕이 된 찰스 3세의 대관식 중계를 보며, 세속화한 그의 전력前歷과 인격 추락의 실상을 집요하게 파고 든 작품이다. 다이애나 스펜서 왕비와 이혼, 다이애나의 사망 스캔들, 지속적인 불륜의 상대였던 유부녀 카밀라와의 재혼 등으로 구설수에 올랐던 킹 찰스를 비아냥 섞인 어조로 신랄하게 비판하고 있는 것이다. 미용실 미용사의 머리 미용 작업, 그러니까 때로는 비굴한 심정으로 황제, 황후 스타일의 머리 손질을 하는 과정을 통해 황제와 황후의 지위를 냉소적 언어로 풍자한 「나의 일을 헤쳐나간다는 것에 관하여」, 2013년 5월 20일부터 12월 20일까지 문화방송에서 방영, 막장 드라마라는 세평世評을 받기도 한 일일 연속극 「오로라 공주」를 별들의 전쟁으로 빗대어 공주·왕자를 비판적으로 형상한 「별들의 숫자」도 일상의 어떤 빌미를 통해 황제와 황후, 공주와 왕자의 허구성을 냉소적 언어로 강조한 작품들이다.

시인은 또 효성의 극치를 보여 준 고전소설 「심청전」을 주제로 한 「용왕님과 여왕님」에 대해서도 전혀 다른 해석의 감각적 형상을 보여준다. 인당수에 몸을 던져 용왕을 만나고, 용왕의 선처로 지상의 왕비가 된 다음 맹인잔치를 열어 극적 상봉의 충격으로 눈먼 아버지의 눈을 뜨게 했다는 '심청전'을 공주병, 몽유병 등의 언어로 풍자하며 새로운 시대의식을 드러낸 것이다. 왕과 왕비, 공주와 왕자 등에 관한 비판적 인식과 정서는 왕조시대를 산 사람들과는 완전히 다른 근·현대적 자유시민의 관점에서 해석하기에

가능한 것이다. 왕조시대에서건 자유 민주주의의 현대사회에서건 '왕자가 아닌 한 아이'(오규원), 다시 말하면 '왕자가 아닌 대다수의 사람들'에게 왕자나 공주는 왕자병과 공주병에 걸린, 때로 추악과 허욕과 비현실의 상징물일 따름이다.

> 동정과 연민의 쓰라린 위로
> 필요 없는 타인들
>
> 들러붙어 보는 재미와 쾌감
> 끊지 못하는 희열의 중독들
> 어느 편을 들다
> 지곤 지불하는
> 전재산의 도장들
> 님께 바친 인어의 꼬리
>
> 통곡하는 그님들의 절규
> 그런 아수라장
> 그런데 아수라 백작과는
> 무관한 무정의 명령들
> 오히려 이행하는 흡족의 여인들
>
> 몰라서 죄송인
> 알고 나면 곧 째지는 목소리
> 혹은 떨어지고 마는 절벽의 천 길 낭떠러지
>
> 안녕
> 백색 가루들 이젠 좀 그만 들이키렴

그 욕심과 욕망의 파편들
날려 부서지는 생의 마디 끝
마무리와 정리라는 제발의 기대치
흩날리는 파편의 댁들
-「님께 바친 인어의 꼬리」 전문

「님께 바친 인어의 꼬리」는 공주에 대한 비판적 인식과 풍자적 어조가 진지하게 표현된 작품이다. '님께 바친 인어의 꼬리'란 무엇인가? 인어의 꼬리는 곧 꼬리지느러미를 가리키는 말인데, 그것은 인어를 인어답게 하고 인어로서의 존재와 생존현실을 집약적으로 증거해 주는 신체상의 기능적 부위이다.

안데르센의 동화 「인어 공주」의 인어 공주는 7공주 중 막내로서 육지에 대한 환상과 갈망이 가장 컸다. 인어 공주는 육지로 구경을 갈 수 있는 나이인 열다섯 살이 되자마자 바다 위로 올라 육지의 배 위에서 생일잔치를 벌이고 있는, 동갑 나이의 잘생긴 왕자를 발견하고 끌린다. 날씨의 악화로 배가 난파되고 왕자는 바닷속으로 가라앉고 마는데, 마침 인어 공주가 그를 구해 주게 된다. 구조된 왕자는 그러나 인어 공주의 존재를 알아차리지 못했고, 그에 상심한 인어 공주는 슬퍼하며 용궁으로 돌아간다. 우여곡절 끝에 인간의 영혼을 가질 수 있는 마법의 마녀를 만나 꼬리지느러미 대신 미모와 두 다리를 얻게 되고, 대신 걸을 때마다 날카로운 칼날로 찌르는 듯한 고통을 감당해야 했다. 육지로 나간 인어 공주는 왕자를 다시 만나 서로 사랑에 빠진다. 하지만 자신의 생명을 구해 준 사람이 타국의 공주인 줄 착각한 왕자는 그 공주와 결혼을 하게 된다.

환생 방법을 알려 준 할머니와 언니들의 노력에도 불구

하고, 인어 공주는 차마 칼로 왕자를 찔러 죽이지 못해 인어의 모습으로 돌아오지 못하고 물거품이 되어 버리고 만다. 공기의 정령이 된 인어 공주는 왕자와 공주의 축복을 빌며 불멸의 영혼을 얻어 승천한다.

그러니까 인어 공주는 자신의 생명이나 다름없는 꼬리를 왕자에게 바치고 칼날로 찌르는 고통 속에서도 결국 사랑의 결혼을 이루지 못한 채 물거품이 되고 만다는 이야기인 것이다. 「님께 바친 인어의 꼬리」는 동정과 연민을 유발하는 공상적인 동화에 중독된, 어처구니없는 여성성의 자기 비하, 자기 굴종, 맹목의 희생을 냉소적 화법으로 강렬하게 비판한 작품인 것이다.

폭넓고 활달한 상상력의 정혜선 시인은 사상事象에 대한 확정적 판단을 경계하며, 다양한 해석과 판단의 가능성을 열어 둔다. 이항 대립적 구도 속에서도 상관성과 상보적 관계를 풀어내며, 섣부른 판단보다는 판단정지의 유보적 태도를 견지하여 세상의 내질內質을 경솔한 대상이 되지 않게 한다. 신화적 도발적 상상력과 사물에 대한 열정적인 관심은 독특한 개성의 시법과 맞물리어, 질서정연한 논리적 선조적線條的 방법이 아니라 혼선과 이미지 분산의 유보적 화법으로 독서의 지연을 유발하고 해석상의 집중을 유도한다. 다중첩적 수식이라든가 초현실적 담론의 시적 형상, 그리고 곳곳에서 번뜩이는 시 제목과 시문詩文들은 정 시인의 비상한 예술적 재능을 증거한다.

다만, 때로 지나친 중첩적 수식이나 문맥상 다소의 모호한 점은 적절히 조정調整해 갈 필요가 있어 보인다. 그 같은 사항들이 적정한 선에서 다듬어진다면, 정혜선은 실로 보기 드문 시인이 되리라 믿는다.*